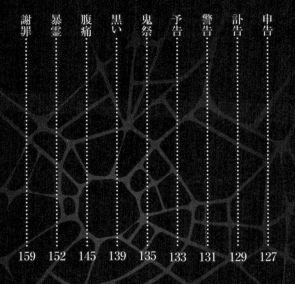

爪先

　一年ほど前、「変わった体験をした同僚がいる」と知人に紹介され、ある男性を取材することになった。

　メールで日時を打ちあわせるなか、先方から「S市にある居酒屋で話したい」とのリクエストが届いた。ギャラの替わりに一杯おごってほしいという思惑だろうか。酒で舌が滑らかになる話者も少なくないから、こちらに異論はない。「大歓迎ですよ」と返信し、いざ当日を迎えた。

「法外な値段の店ではありませんように」と祈りつつ向かってみれば、指定の居酒屋はどこにでもありそうな赤提灯で、店内に貼られたメニューも安価な品ばかりである。安堵しつつ、私は話者の男性とカウンターへ座った。

　瓶ビールを頼み、レバ刺しや冷やしトマトをつつきながら体験談を聞く。話は「祖母が亡くなる前夜に仏間の襖が叩かれた」というもので、つまりは虫の知らせに属する、さして新味のない内容だった。

　今回は不発かな――水垢だらけのグラスでビールを流しこみつつ、ひそかに意気消沈していた矢先、私たちの隣に座っている男性が「あのさ」と小声で話しかけてきた。

煤とも土ともつかない顔の汚れ、色褪せたカーキの作業服。首に巻かれた手ぬぐいはうっすら黄ばんでいる。風体に怯むこちらにおかまいなしで、男は言葉を続けた。

「俺ね……ここでお化け見たんだよ」

もしや、私たちの会話を盗み聞きしていたのだろうか。

あまり褒められた行為ではないなと思いつつ、私は男に「本当ですか」と水を向けた。芳しくない取材をどうにか実りあるものにしようと試みた——といえば聞こえは良いが、要は悪あがきしたのだ。

男はこちらの小鉢から煮物のイカを手づかみで奪い、口に放りこんでから「本当だよ」と繰りかえした。以下は、そんな彼の話である。

俺さ、この店に通って長いんだよ。

震災のすぐあとに来たのが最初だから、もう十年近くになるかなあ。ま、いろいろある店だけど、安さには替えられないからね。

いろいろ——あるんだよ。ここ。

二年前だったかなあ。今日と同じように、この席で飲んでたんだわ。そう、いつもここに座るの。カウンターだと窓の外が見えるでしょ。往来を歩く人を肴に飲むと、寂しい気分がまぎれて良いんだよ。

そら寂しいよ、いつだって独りだもの。部屋に帰っても暗い気持ちになるばっかりじゃない。だから、楽しそうな人たちを見ながら酒を飲んで、その勢いのまま帰って寝ちまうの。だからその日も、窓の外を眺めてたんだ。

そしたらさ——ぶらん、て。

ぶらん、ぶらん、て。

窓のへりに、何かぶら下がっててさ、右に左に揺れてるんだよ。

窓の上のほうに、ちらっとだけ見えてるんだよ。

最初は「縄のれんかな」と思ったんだ。縄のれんの裾——っていうのかな、いちばん下の部分だけが見えているんだろう。そう思ったわけ。

でも、それって変だなと気づいてね。だって普通、縄のれんって入り口に下げるでしょ。あんな窓のところに、しかも端っこだけしか見えないなんて有り得ないじゃない。

いっぺん気になりだしたらもうダメでね。俺、身体をカウンターから乗りだして、窓を凝視したの。そしたら、いや驚いたよ。

爪先なんだもの。

人間の足の先っちょが、ぶらん、ぶらん、って揺れてるんだもの。

爪のあいだが真っ黒に汚れて、足の甲には血管が浮いていてさ。うわ、って思わず叫んじゃった。だって、足だよ。ぶら下がってんだよ。揺れてんだよ。それって——首吊りじゃない。

俺、すぐにカウンターの奥で盛りつけしていた店員さんに声をかけてさ、「ちょっと、あれ、あれ」って教えたの。そしたら——ないんだよ、足。

すぐに店の外へ飛びでて確認したけれど、縄や紐を引っかける場所も、そもそも人がのぼれるような場所もないの。

店員さんも半分呆れ顔でね。いや、その店員さんは急に辞めちゃったからいまはもう居ないんだけど。俺も「予想以上に酔ったのかな」と反省して。だってそんなの反省する以外にどうしようもないでしょ。そんで、その日は早々にお会計済ませてアパートに帰ったんだよ。居心地も悪いしさ。

で、缶酎ハイを一本だけ飲んでから布団に潜って——でも妙に寝つけなくて。ややもやっとしたまま、何気なく窓に視線を移したら。

爪先があるんだよ。

窓の向こうで揺れてるんだ、汚れた足が。あの足が。

ああ、騒いだもんで、気づかれちゃったんだなあ——そう思いながら強引に寝たの。でも、翌日からは何もなかったよ。しばらくは怖かったけど爪先は二度と部屋に出てこなかった。なんとなく、この店に戻ってきているような気がするんだよねえ——あの足。いや、俺は見てない。あれから、いっさい窓の外を見ないようにしてるもん。

本当は贔屓の店を変えれば良いんだけどねえ。安さには勝てないよねえ。

男性は一気に話し終えると、そそくさと会計を済ませ去っていった。

その背中を見送り、私の視線は〈現場〉である窓へと向く。壁ぎわに据えられた、何の変哲もない長方形のガラス窓。

ここから——足が。揺れる爪先が。

その後四十分ほど粘ったものの、それらしい〈モノ〉を目にする事はできなかった。

勘定を済ませ、当初の取材相手である男性と店外に出る。

別れの挨拶を切りだそうとした矢先、彼が「なんでかな」と漏らした。

「なにがですか」

「私、どうしてこの店を選んだんでしょうね」

「え、それは……味とか値段とか、もしくはお店の雰囲気とか、なにかしらお好きなところがあったんじゃないんですか」

「でも……はじめてなんですよ。この店に来るの」

絶句する私の前で、男性はしきりに首を捻っている。

「どこでお会いしようか考えている最中、ふと、この店が浮かんだんです。理由もまるで解らないんですが〝ここにしなくちゃ〟と思ったんですよね」

なんでだろうなあ——と何度も呟きながら、彼は雑踏に消えていった。


呆然と立ち尽くすうち、ふと——背後に気配を感じた。振りかえる勇気が持てぬまま、その場から動けずにいる。

今夜、爪先を見るのだろうな——そんな確信に、叫びたくなる。

空巣

　数ヶ月前、知人のツテで〈元空き巣〉の男性とコンタクトを取った。

「足を洗って長いから、あんまり話せることもないけど」

　元空き巣――Jさんは最初のうちこそ言葉少なだったが、会話を交わすうち警戒心が薄れてきたのか、ぽつりぽつりと〈本職〉のテクニックを語りはじめた。社会的影響を鑑みて詳細にはふれないが、いずれも感嘆すべき、まさしくプロの技巧であった。

「コツは、家主がすぐ気づかない金額だけ盗むこと。これで絶対パクられない。あのころは羽振りが良かったね。あと十年やっていれば都内に家が建ったよ」

「でも……辞めちゃったんですよね、空き巣。なぜですか」

　私の問いに、得意満面だったJさんの表情が曇る。一拍置いてから、彼が「あんなの見ちゃったら……無理だよね」と、低い声でつぶやいた。

　その日の〈職場〉は郊外の住宅地だった。近所のスーパーがタイムセールを開始する時刻に合わせ、家々を物色していく。やがて彼は一件の古びた家屋に目を留めた。見るからに〈小金はあるが警戒心の薄い家〉であったという。

セールスマンを装ってチャイムを鳴らし、家主不在を確かめる。無人と確信するや、施錠されていない浴室の窓を開け、わずか数秒で室内に侵入した。

家のなかには、人の気配がうっすらと漂っている。外出してまもない証拠、つまりは物色の時間がたっぷりあるという事だ。〈仕事〉の成功を確信してほくそ笑みながら、Jさんは居間へと続く襖を開けた。


「い」

部屋のまんなかに〈老婆を干したようなもの〉が立っていた。

腐ったバナナに似た色の〈それ〉には、箒に似た白髪と水っぽい眼球がついていた。

乾き老婆はJさんをじっと見つめたまま、後ろ向きのまま畳の上をざすざすと走り、廊下の奥へ消えていった。


「……じゃあ、その出来事で怖くなって辞めたと」

私の問いに、彼が大きくかぶりを振る。

「一件だけなら、〝あの家にはもう近づくまい〟で済むよ。でも、その後も三回、似たようなモノを見ちゃってさ。一度は異様に細長い顔の子供、もう一度は壁をなめ続ける目のない女だった。〝また遭うかも〟と思ったら……もう駄目だったよ」

気をつけな。留守の家ってさ——無人じゃないんだぜ。

そう言うと、Jさんは何かを思いだしたのか、大きく身を震わせて息を吐いた。

残像

今から五年ほど前、Jさんの義母が寝たきりになった。

自宅の階段で躓《つまず》き、踵《かかと》の骨を折ったのである。

「とはいえあまり心配はしていなかったんです。高齢なので早い快復は望めないにせよ、半年に一度は友人と連れ立って旅行するほど活発な人でしたから」

しかし、予想は外れた。思うように動けなくなったとたん義母はめっきり老けこんでしまい、あれよあれよという間に布団から起きあがれなくなってしまったのだ。

やむなくJさんはパートを辞め、介護のために専業主婦となった。ヘルパーさんが週に二度来てくれる以外、義母の世話はすべてJさんが担当したという。

「小中高とソフトボール部だったので体力には自信がありました。今にして思えば、その過信が良くなかったんでしょうね。母を入浴させる時に腰を痛めてしまったんです」

義母は畳敷きの和室に布団を敷いており、当然ながらJさんは中腰の姿勢で介護の大半をこなさなくてはいけない。その結果、腰痛はどんどん悪化していく。トイレで用を足すのも辛くなり、とうとうクシャミひとつで昏倒するほど痛みが酷《ひど》くなった。

　このままでは自分も倒れてしまう――Jさんは「介護用ベッドを導入してくれ」と、夫に頼みこむ。はじめこそ「そんな高価なもの」と難色を示していた夫も、介護用ベッドはレンタル品で月々の値段も妥当な額だと説得され、しぶしぶ了承してくれた。

「それでも決して安い品ではないですからね。屈まずに済む形状なら何でも良いや、と一番安い会社を選んだんです」

　数日後、予約していた介護ベッドを持って、レンタルサービスの社員がJさんのもとを訪れた。てきぱきと部品を組み立て、慣れた手つきで義母を抱えあげベッドに運ぶ。社員は操作方法や注意点を気のない調子で説明するや、そそくさと帰っていった。

「愛想のない人でね。組み立てたベッドも、手すりに細かな傷があったりマットレスに小さな綻びがあったりと気になる点だらけだったんですが、まあ、安いところを選んだんだからしょうがないかと、半ば諦めたんです」

　そんな不安を吹き飛ばすように、翌日から義母の世話はうんと楽になった。

「介助するための適切な角度とか、力の入れやすさとかを想定して設計されているんです。なるほど、ここまで介護する側に配慮されているんだなと感心しましたよ」

　ところが。

　ベッドを使うようになって以降、義母の様態がますます思わしくなくなった。

寝たきりでも明瞭だった意識が、まったく覚束《おぼつか》ないのだ。

まるで誰かと会話するような調子で何事かを喋っていたかと思えば、突然Jさんの袖を掴んで「布団に戻してほしいのよ、布団に戻してよお」と懇願する。

「痴呆というよりは、始終何かを怖がっているような態度で。最初はこちらも優しく対応していたんですが、連日ともなると精神的に疲れるでしょ。ついつい乱暴な態度になってしまって」

ゆっくりと、家のなかが荒みはじめた。

行き届かない掃除、あり合わせの粗末な食事。文句を垂れる旦那さんと激しく言い争っている最中、義母の泣き声に慌てて部屋へと向かう日々。

「もう限界かな、養護施設を探さなきゃな。そう考えていた矢先でした」

ある日の午後、いつものように義母に昼食を食べさせようと部屋に入ったJさんは、危うくお盆を落としそうになった。

義母が、小刻みに身体を痙攣《けいれん》させている。

あまりに激しく動いているためか、義母の輪郭が残像のようにぶれて見えた。

何かの発作か。名前を呼びながら二、三歩駆け寄ったJさんの足が――止まった。

「ぶれているのでは、なかったんです」

義母の体に重なるように、半透明の人間が寝ていた。

一人ではない。二人、三人。複数の老婆が、義母のベッドに横たわっている。

残像に見えたのは、そのためだった。


嗚呼、そうか。

このベッドを前に借りていた人たちなんだ。

義母は動けないまま、絶えず一緒に眠っていたから、あんなに怖がっていたんだ。

妙に納得するJさんの目の前で、老婆たちはゆっくりと透けて、消えていった。

あとには「こないで、こないでちょうだいよお」と泣く、義母だけが残った。


介護ベッドの業者を変えたところ、義母の混乱は嘘のようにおさまった。

「以前の業者より値段が高かったので亭主は不満げでしたけれど、お義母さんに何かあるよりはマシでしょって怒鳴《どな》ったら、黙りこくっちゃいました」

やがて義母は、弟夫婦が連れてくる孫の来訪を楽しみにするまでに快復し、一年前に安らかに逝ったという。

干支

景子さんの家には、奇妙な法則が伝わっている。

一族の誰かが亡くなる際には、その人間の「十二支」が死を報せるのだという。

はじめてそれを目撃したのは五歳のとき。夜中トイレに起きた彼女は、綿埃《わたぼこり》に似た毛の塊が廊下へ点々と落ちているのを見つける。

すべて、鼠《ねずみ》の死骸だった。叫び声を聞きつけた父がすぐさま母に「子年《ね》は誰じゃ」と問いかける。調べた結果、彼女の叔父にあたる人物が子年であると判明した。

果たして次の日、釣りに出かけたまま行方知れずになっていた叔父が埠頭から水死体であがる。

まもなく彼女は、それが「十二死」と呼ばれているものだと父から聞かされた。

「何代も前の当主が、人の形をしていない神様に夢枕で告げられたのだと言っていました。漢字は後年になって、語呂合わせで宛てがったようです」

その後も、頭部のないアオダイショウを庭先で拾った翌週に巳《み》年の曾祖父が亡くなり、丑《うし》年の従弟は肉牛を移送中のトラックと正面衝突して事故死した。寅《とら》年だった伯母は虎目模様の愛猫が死んだ次の日に脳卒中で帰らぬ人となり、酉《とり》年生まれの分家の嫁は、近所の鶏舎で起きた火事に巻きこまれて二週間昏睡したすえに悶死した。

「一人の例外もありませんでしたから。親戚は皆、頑なに信じていたと思います」

しかし唯一、彼女の兄だけは「十二死」を盲信する親族を小馬鹿にしていた。

「そんなものは偶然とこじつけに過ぎない。第一、十二支が死を報せてくれるのならば、辰《たつ》年の自分はどうなるのだ。龍が出るのか、それともタツノオトシゴでも降ってくるのか」

酔う度にそんな悪態をついては、親戚一同を愚弄するのが毎度のことであったという。

ところがある年の暮れ、兄が真っ青な顔で「俺はもう駄目だ」と景子さんに漏らした。何があったのかと訊ねる彼女に、兄は「もし俺が死んだら、机の引き出しを見てやってくれ」と告げる。

そしてその翌日、友人の運転する車で事故に遭い、即死したのである。

葬儀を終えた晩、景子さんは遺言めいた言葉どおり、兄の部屋へ入って机の引き出しを開ける。

兄が蒐集していた数本の腕時計すべてが、秒針を止めたまま転がっていた。

どの時計も、針を動かすネジが内側から押されたようにずぶりと抜けていた。

「竜頭《りゅうず》と呼ばれる部分でした」

景子さんは今でも「十二死」を信じている。卯年の彼女は、兎《うさぎ》が堪らなく怖いそうだ。

占師

デザイナーのMさんは、十年ほど前に占い師として働いていたことがある。

「デパートなんかで通路の隅にブース出してるやつ、たまに見るでしょ。アレよ」

店は、もともと彼女の叔母が開いていたものだった。叔母という人は若い時分から占いに凝っており、趣味が高じたあげく本職になってしまったのだそうだ。

「親族の間でも変わり者として有名だったわ。私とは妙にウマがあったんだけどね」

そんなある日、叔母さんは歩道橋で足を滑らせ、転倒した際に腰の骨を折ってしまう。医師から絶対安静を告げられるほどの大怪我であったという。ところがブースを出していたデパートは「店を休むなら他に貸すので退去してくれ」と要求してきた。

困った叔母は実の妹であるMさんの母を説得し、当時短大生だった彼女を「代理」に任命したのである。

「私、ちょうど夏休みだったのよ。母にも〝ブラブラしてないで人助けしなさい〟なんて言われちゃって」

しぶしぶ、彼女は叔母の代理を引き受ける。

ちょっとした小遣い稼ぎ、手軽なアルバイトのつもりだったそうだ。

ところが、そんなMさんの思惑は大きく外れてしまう。

「叔母の持論によると、占い師は〝不思議な力で当てるものではなく、知識と技術に基づく理論がすべて〟なんだって」

予言めいた科白《せりふ》で相手を脅すのは、不勉強なだけの三流よ。

そう断言しながら、叔母は自身の「知識」「技術」「理論」をベッドの上からMさんに叩きこんだ。

「最初は何とか子平だの奇門がどうしたのと、まるで暴走族みたいな名前のやつを習ったんだけど、難しすぎて無理で」

結局は、タロットカードの占術だけを徹底して覚えることになったという。

スパルタだった。

七十八枚の絵柄の種類からそれぞれの意味、カードの切り方に並べ方、果てはタロットそのものの歴史——。

叔母は説明を暗唱できるようになるまで、何度でもMさんに指導した。

「まあ、おかげで一週間も経つ頃には、〝支店を作るときはあんたに任せるよ〟と笑って言われるまでになったけどね」

数日後、彼女は叔母から強制的に与えられた民族衣装に身を包み、ブースを再開する。

はじめのうちこそ戸惑ったものの、馴れるまでにさして時間はかからなかった。

「やっぱり叔母の言葉が大きかったと思うわよ。自分がやっているのはインチキめいた当て推量ではなく、長い時間をかけて培われた理論の実践なんだと思っていたから」

神秘的な容貌とは裏腹の淡々としたさまが逆に信頼を得たのか、次第に客足は増えて、何人かのリピーターも訪れるようになった。

「常連が出来たのは、腕を評価されているようで嬉しかったわね」

卒業したら占い師ってのも悪くないな。

本当に、支店でも作ってもらおうかな。

一ヶ月が過ぎる頃には、そんな考えが頭をよぎりはじめていたそうだ。


ある、昼下がり。

「平日でさしてお客さんもいなくて。早めに店じまいしようかと思っていたところへ」

とぼとぼと、制服姿の女子高生がブースへ歩いてきた。

「あの……将来を、占ってもらえますか」

消えそうな声で呟くと、女子高生は握りしめた掌《てのひら》から折り畳んだ千円札を差し出す。化粧っ気のない顔。思いつめたまなざし。右手が、無意識にお腹をさすっている。あれ、この子、赤ちゃんが居るんじゃないかな——Mさんは直感した。しかしそんな問いをいきなり投げるわけにもいかない。どうせなら、占いを通じてアドバイスしてあげよう。そう考えた彼女はいつものように、事務的な態度でカードを並べはじめた。

「タロットってのは三枚のカードから過去、現在、未来を探りだすの。同じ絵でも天地が逆なら意味が変わったりするのよ。だからどんなカードでも、たいていは救われるような意味づけができるんだけれど」

言いながらカードを順にめくる。直後、Mさんの顔から微笑みが消えた。

「死」を表す、鎌をもったドクロの描かれたカード。

三枚すべてが「死」だった。

「そりゃ驚いたわよ。ひとつのセットのなかに同じ絵柄ってないんだもの。確かに予備のセットは用意してたけど、混ざるなんて基本的にはないのよ」

理屈は知らなくとも、図柄が幸福を表すものではないと気づいたのだろう。女子高生が歯を小刻みに鳴らす。机に軽く置かれた手は、細かく震えていた。

「やっぱり」

呟きと同時に、女子高生の瞳から涙が転がり落ちる。混乱に俯くMさんの目の前でテーブルにかけられた布へ、ひとしずく染みが広がった。

「その瞬間、なんだか腹が立ったの。私は必死に勉強してるのに、結局は超常的な出来事がお株を奪っていくのかよ、って猛烈にむかついてね」

涙ぐむ女子高生に向かって「おめでとう」と告げ、驚く彼女を見つめたまま、Mさんは説明をはじめる。

「このカードは死を表します。それがすべて開帳されたということは、あなたに取り憑いていた死の影が消え失せたことをあらわしているのです」

もちろん嘘だった。そんな意味などあるはずもない、不吉きわまる結果だった。

しかし、どう見ても不義の子供を宿したとおぼしき彼女に、真実を言えるわけもない。

続けて彼女は、このカード群が新しい生命の誕生を祝う意味であることを告げ、どんな形であれ産まれた命は祝福すべき存在で、母になった者を支えてくれるのだと教えた。

「必死だった。どうにかしてこの子の気持ちを救わなきゃって、必死だった」

語り終えた彼女をうつろな視線で見つめ、ぽつ、と女子高生が口を開く。

「死ぬ……つもりでした。そうするしかない気がして」

Mさんの予想どおり、女子高生は半ば強姦に近い性行為のすえに妊娠していた。誰にも言い出せず悩んだすえ、飛び降りようと思った彼女はデパートの屋上を目指してエスカレーターを上っていた。その最中にMさんの占いブースを目に留め、ふらふらと足を向けたのだという。

「よく当たるって友達に聞いてたから……でも、本当に話して良かったです」

訪れたときより少しだけ軽くなった表情に笑顔を浮かべ、女子高生は去っていった。

ブースを抜け出し、女子高生のエスカレーターを下りていく背中を見送りながら、Mさんは安堵のため息を漏らした。

「自分の占いが人を救った、運命を変えられたんだ……そんな満足感でいっぱいでね」

静かに心を躍らせながらブースへと戻る。

と、彼女の口から「なんで」と声が漏れた。

テーブルに置かれたままの「死」のカード。

そのすべてが、乱暴に握ったように折れ曲がっていた。

「ブースを離れたといっても、ほんの数歩、時間にしても十何秒かそこらなのに」

高揚感が急速に冷め、入れ替わりに言い知れない不安が胸の奥へ流れこむ。

体温がじわ、と下がった。首の脈が警報のように跳ね、口のなかが一気に乾く。

気がつくと、女子高生を探してエスカレーターを駆け下りていた。

デパート前の道路に、人だかりが出来ていた。

小さな悲鳴。救急車の到来を確かめる絶叫。携帯カメラの電子音。それを諫める怒声。懸命に首を伸ばし、喧噪の正体を確かめようとしていた彼女の視界に、道路へ横たわる身体が映った。

さっきまで見ていたスカートが、液体を吸ってぐっしょり広がっている。その先から、くしゃくしゃに折れ曲がった足が見えた。

「……あの子だった。あとから聞いたら、バックしているダンプの真下へ滑りこむように飛びこんで、後輪と前輪に続けて潰されたみたい」

力が抜けてへたりこんだMさんの横で、野次馬が会話を続けている。話を聞くかぎり、どうやらひとりは事故の瞬間を目撃したような口ぶりだった。

「女の子がよ、釣り糸が首についてるみてえに、ぶんっ、って道路へ引っ張られて飛んでいったんだよ。いや、本当だって。見えない手に襟首掴まれたみてえな動きだったんだよ」

ふらつきながらブースへ戻ると、テーブルに置いたままのカードが消えていた。

どこをどう探しても、見つからなかったという。

その夜、病室を訪ねるなりMさんは叔母に静かな口調で叱られた。

「私が理詰めで占うのはね、運命ってのが容赦してくれないからなんだよ。だから道筋をきちんと探り当てて、ちゃんと相手に伝えるために努力するんだ。あんたは、自分の言葉ひとつで人の生き方を変えられると思った傲慢《ごうまん》を、警告されたんだ」

技術がないのは三流、見えない力を信じないのは、二流だよ。

「叔母は〝あんたには素質がある、この出来事を乗り越えろ〟って説得してくれたけど……無理だった。私に、あれと向き合っていく覚悟はなかったわ」

叔母の退院を機に、彼女は占い師を辞めた。

「今でも時々何かに迷うと、タロットでもしてみるかと思う瞬間はあるよ。でも、結局やらないの。だって悪い結果が出たら、その運命を認めるしかないじゃない」

これでも、腕には自信があったからさ。

冗談めかして笑いながら、彼女は煙草に火を点けた。

事件から数年後、叔母はブースに座ったまま亡くなっているのを発見された。

まるで自分の死を知っていたかのように、道具類から店の契約まで、すべて整理されていたそうである。

靄靄

「私、心霊体験とか全然ないです。何か誤解させたみたいで……ごめんなさい」

認可保育所で保育士として働くUさんは、こちらの取材内容を聞くや否や前述の台詞を述べると頭を下げた。

知人から「変わった体験を持つ人がいる」と紹介され、お会いした直後の出来事である。どうやら、伝言を回すあいだに行き違いがあったらしい。

こりゃあ、今回は不発かな。

内心でこっそり落胆する私を見て、彼女は申し訳なさそうな表情で呟いた。

「……自分じゃなくて、園児が視たお化けの話しか知らないんです。すいません」

慌てて、メモ帳を鞄から取り出す。


三年前、彼女の勤める保育所にユキちゃんという女の子が入所した。

歩いて十分ほどの住宅街に両親と暮らす、快活なお嬢さんだったという。

「ウチの園では〝近所の人に会ったら挨拶しようね〟と教えてるんですけど」

母親によれば、素直なユキちゃんはご近所さんのみならず道ですれちがう人すべてに「おはようございますっ」と声をかけていたそうだ。

愛くるしい幼子の笑顔に癒されるらしく、険しい顔で出社を急いでいたサラリーマンも「おはよう」と笑って返事をする。彼女の通園路は、いつも和やかな空気に包まれていたそうである。

しかし、そんななかでひとりだけ、ユキちゃんが絶対に挨拶をしない人物がいた。

「保育所と同じ通りにある、魚屋のおばさんなんです」

べつだん、愛想が悪かったり子供を嫌っているといった人ではない。むしろ園児を見かけると微笑みながら手を振る、温厚な印象の女性だった。

しかし、どうしたわけか彼女にだけはユキちゃんは声をかけず、見かけると手を繋いでいる母親の後ろに隠れてしまうのだという。

「ユキがずいぶん怖がってるみたいなんですが……何かあったんでしょうか」

母親から相談されて、Uさんたちも初めてそのことを知った。

「子供ですから、さしたる理由なんてないのかなとは思ったんですが」

保育所では挨拶を推奨している旨、出会ったら積極的に挨拶してほしい旨を、近所にチラシで配布していた。

にもかかわらず、園児に無愛想な対応をされたとあっては、その女性がいつ、気分を損ねないとも限らない。

「そういうのって怖いんです。地域の評判は、すぐママ友のネットワークで広まるから。知人の保育園なんて、それで園児が大量に辞めたんですよ」

園長からのお達しで、Uさんはユキちゃんに事情を聞くことになった。


「ユキちゃん、どうして魚屋のおばちゃんにご挨拶しないの？」

屈みながら笑顔で訊ねるUさんに、ユキちゃんが答える。

「あのひとね、もじゃもじゃおばさんなんだよ。おっかないんだよ」

「もじゃもじゃ……おばさん？」

戸惑いながら問い返すと、ぶんぶん頷きながらユキちゃんは「もじゃもじゃなの、おっかない、もじゃもじゃおばさんなの」と繰り返した。

何度か質問の仕方を変えてみたものの、返ってくる答えは同じだった。

「確かに魚屋の奥さんは中年女性にありがちなパーマをかけていました。でも、もじゃもじゃって言うほどの爆発ヘアーでもないんですよ」

怖くないよ、あした会ったらご挨拶しようね。先生とお約束ね。

Uさんに言われるとユキちゃんは静かに頷くものの、翌朝には、やはり「もじゃもじゃおばさん」の前で強張《こわば》っていたとの報告が、母親から寄せられた。

「あんまり続くと、向こうだっていいかげん怒るんじゃないかと困っちゃって……」

いつの間にか「もじゃもじゃおばさんへ挨拶をさせる」が、Uさんの目標になっていたそうである。


数日後――お絵描きの時間。

画用紙を前に何を描こうか悩んでいるユキちゃんを見つけたUさんは、気紛れに「もじゃもじゃおばさん、描いてほしいな」とねだってみた。

「ちょっとでも親近感を持ってくれたら、解決の糸口が掴めるかと思って」

リクエストに応えて、クレヨンを不器用に握りしめたユキちゃんが画用紙と格闘をはじめた。「もじゃもじゃなの、もじゃもじゃなの」と即興の歌を口ずさみつつ、満面の笑みを浮かべている。

これは、もしかしたら上手くいくかもしれない。

Uさんは内心ひそかにガッツポーズをしていた。

ところが、しばらくして同僚の保育士が「あれ……ちょっと変じゃない?」と彼女の袖を引っ張り、ユキちゃんを指さした。

ユキちゃんが描いているのは、確かに女性とおぼしき人の姿である。

ぐりぐりと丸く塗られた大きな目、頬の横にあるホクロ、横広がりの唇。

「もじゃもじゃおばさん」の特徴を的確にとらえた、なかなかの力作だった。

「ただ、問題は……髪の毛が真っ赤なクレヨンで描かれてたんです」

おばさんの髪は、若干染めてはいるものの、どちらかといえば地味な栗毛である。ユキちゃんが描いているような深紅の色は、していなかった。

確かに子供の中には、ゾウの肌を紫色にしたり、ヒマワリの花弁を真っ青に塗るような、想像力豊かなタイプもいない訳ではない。

しかしユキちゃんはどちらかと言えば写実的な画風の子であったし、いま描いている「もじゃもじゃおばさん」も、髪以外は現実に即した色づかいで丁寧に塗られていた。

「もうひとつ驚いたのは、髪の大きさが尋常じゃなかったんです。画用紙からはみ出して、派手なアフロみたいになっていて、滅茶苦茶なんですよ」

先述のとおり、おばさんはパーマこそかけているがこれほど奇抜な髪型はしていない。

「……ユキちゃん、もうそろそろ終わりにしようか」

ただならぬ気配を感じたUさんが声をかけても、ユキちゃんは取り憑かれたように画用紙を睨んだまま「もじゃもじゃなの、もじゃもじゃなの」と繰り返してクレヨンを操っている。やがて、出来栄えに満足したのか手を止めるなり、ユキちゃんはぐったりとその場に倒れこんでしまった。

「お熱を出しちゃって……午後には早退、その週はまるまるお休みしたんです」

母親に背負われて保育所をあとにするユキちゃんを見送りながら、Uさんは胸騒ぎに襲われていた。

不安は的中する。


翌々日の早朝。

出勤の支度をしていたUさんの携帯電話に、同僚から連絡が入った。

くだんの魚屋が火事になったという。

「ボヤ程度と思ってたら、どうも凄い状態になっているらしくて。保育所とは目と鼻の先ですから、まずは施設の安全を確かめる必要がありました」

取る物もとりあえず保育所へ向かった。

近づくにつれて煙で視界が濁りはじめる。鼻をつく臭いで、小さい頃に焚き火へゴムボールを入れたときの記憶が甦った。

不安のなか、パトカーや消防車が並ぶ隙間を抜けながら魚屋の前を通る。

直後、彼女は思わず息をのんだ。

かつて「魚屋だった建物」は、「炭で組み立てた工作」のように変わり果てていた。炭化した柱からは、壊れた雨樋のようにざばざばと水が落ちている。張りめぐらされた非常線の向こうで、警官や消防員が忙しなく動いていた。

「放火みたいなものだったそうです……犯人は、魚屋のご主人でした」

翌日の新聞によれば、主人と奥さんは以前からアルコール中毒の治療をめぐって不仲であったらしい。

その日の明け方も市場へ行く行かないで口論となり、酔って激高した主人は、火にかけていた天ぷら鍋を奥さんの頭めがけて投げつけたのだという。

運の悪いことに、頭からぐつぐつの油をかぶって奥さんがのたうちまわった先に、火の消えていないコンロがあった。加えて彼女が着ていたセーターは燃えやすい化繊だったらしく、一瞬にして奥さんは「踊るマッチ棒」と化した。結果、暴れ回ったあげくカーテンや壁紙に引火したため、大惨事に繋がったというのが火事のあらましだった。

焼け跡からは、炭化が進んで頭部がもげた奥さんの遺体が見つかった。主人はいち早く逃げて助かったが、のちに搬送された病院の便所で首を吊った。

翌週の朝。

ようやく町内が落ち着きを取り戻すなか、Uさんが園児を迎え入れていると、大声で彼女の名前を呼びながら、ユキちゃんが駆けてきた。

体調はどうか訊ねようとしたUさんに向かって、ユキちゃんが口を開く。

「もじゃもじゃおばさんね、あついあついして、いなくなっちゃったんだよ」

ユキちゃんの肩を抱きながら、母親が青ざめた顔で漏らす。

「ショックを受けたらまずいので、火事のことは教えてないはずなんですけど……」

どうすれば、良いんでしょう。

母親の力ない言葉に答えられないまま、Uさんはその場に立ち尽くしていた。

「しばらく経ってから、ユキちゃんの家は離婚しちゃって。お母さんの実家である青森のお寺に引っ越していきました」

話を聞き終え「ぜひ青森にあるユきちゃんの実家まで取材に伺いたい」と興奮する私に呆れながら、Uさんは首を横に振った。

「彼女、小学校に入ってからそういう能力がなくなっちゃったんですって。ご実家でも修行をさせようとしていたので、ずいぶんガッカリしたみたいです」

事情を聞いて肩を落とした姿があまりに情けなかったのだろう。いかにも保育士らしい、慰めるような優しい口調で、彼女は言葉を続ける。

「子供って感受性が強いですから、時たまこういうことはあるんでしょうね。まあ、もしもまた同じような出来事があったら、きちんとお知らせしますから」

ただ、子供を大人の都合でいじくり回すのは、職業柄感心しませんけど。

子供を諌《いさ》めるような口ぶりにそれ以上何も言えず、静かにメモ帳を閉じた。

くだんの魚屋は更地になり、現在は貸し駐車場になっている。ときおり真っ黒な女を見たという噂を耳にするが、真偽のほどは解らないそうだ。

軍手

小谷は学生時代、親戚の男性から「仕事を手伝ってほしい」と頼まれたことがある。男性はリサイクル業を営んでいたが、それはあくまで表向きの話。実際は廃棄物の違法な処理や、廃屋の解体を秘密裏に請け負っている人物だった。

ゆえに、小谷も声をかけられた際は「その手のヤバい仕事だな」と直感したそうだ。

「だって、単発のバイトとしては有り得ない高額だったんですよ。そら解るでしょ」


深夜、軽トラックに乗せられて訪れたのは県内でも霊験あらたかと評判の神社だった。

親戚の男性が軍手を小谷へと渡す。ぱっと見はホームセンターでよく目にする普通の軍手だったが、妙に持ち重りがしたという。

「あ、オレ持ってきましたよ。準備万端でしょ」

持参の軍手を嵌めようとした彼を手で制すると、男性は唇に人さし指をあてて「静かにしろ」と無言で教えてから、本殿の裏手にある杉木立を指し示した。

鬱蒼たる樹々の一本一本に、表皮がめくれたような毛羽立った塊《かたまり》が貼りついている。

目を凝らすうち、すべてが藁人形であると気づいた。

驚く小谷へ「渡した軍手を使え」と耳打ちしてから、男性が歩を進める。やがて彼は一本の杉へ歩み寄ると、左手だけで釘を器用に緩め、藁人形ごと引き抜いた。

腰に結わえたゴミ袋へ藁人形と釘を入れるや、男性は「左手だけ使え。右も左も軍手は絶対に脱ぐなよ」と念押ししてから、小谷の背中を叩いて「行け」と合図を送った。

左手だけの慣れない作業に加え、杉の葉だらけで柔らかな足場に苦戦しつつも、小谷は人形を引き抜き続けた。

杉の樹は、ざっと目で数えただけでも百本をゆうにくだらない。それらに余すところなく藁人形を打ちつけるほどの怨みとは、いったいどんなものなのか。そんなことを考えつつ、黙々と作業をおこなった。

釘は大半が赤く錆びついており緩めるのにたいそう難儀したが、ある程度まで抜けると魚の身にでも刺さっていたようにぬめりながら容易《たやす》く外れた。

打ちつけられた藁人形は雨風に晒《さら》された結果なのか手足や頭が崩れており、釘を揺らす振動で藁くずが剝がれ落ちる有様だった。だが、一見乾燥している表面に反し、芯の部分には濡れたティッシュを丸めて絞ったような、水っぽい感触があったという。

作業は、二時間ほどで終わった。

ぱんぱんに膨れたゴミ袋をトラックの荷台に投げ入れてから、男性は「右手を使って、左手に嵌めた軍手を脱ぐんだ。右で、左だ。順番を間違うんじゃないぞ」と指示を出した。

脱ぎ捨てた軍手を荷台へ放って車内に戻る。運転席に座ると、男性の顔にようやく笑みが戻った。

「驚いたろ。今回は数が多かったから、頼んで良かったよ」

「……あの、これって何なんですか」

おずおずと訊ねる小谷を笑うと、男性は口外無用を条件に詳細を説明してくれた。

この仕事は、とある高名な宮社から依頼されているのだという。

その神社では予《かね》てより、ご利益を見越して「丑《うし》の刻参り」を密かに決行する輩があとを絶たなかった。何処でどう広まったものか、呪法はいつしか本社のみならず全国の分社でもおこなわれるようになり、「境内の樹々に藁人形が打たれている」という報告が相次いだ。

邪《よこしま》な願掛けであるから、神社としては見つけ次第すぐ撤去するよう通達していたのだが、藁人形を捨てた宮司が急病で倒れる事例が続き、加えて、丑の刻参りを目撃された女性が宮司の家族を襲う事件が起きるに至って、宮社は専門業者へ撤去を依頼するようになった。

その業者が、親戚の男性たちなのだという。

男性によれば、この地域はもともと彼の師匠にあたる人物が請け負っていたが、数年前に誤って右手で釘に触れ、不幸な目に遭って以降は男性が任されるようになったのだそうだ。「不幸な目」が何であったのかは、最後まで教えてもらえなかった。

「昔から左手しか使ってはいけない決まりなんだ。嵌める軍手も神社から事前に送られてきたもののみが許されてる。理由は知らないがね」

その後、男性は市内をぐるりと周回するように車を走らせると、要所要所で停車しては、荷台の軍手を直に触れぬようトングで摘んで道ばたに捨てていった。

「こうするのが〝作法〟なんだとよ」と、ひしゃげた軍手を見ながら男性が笑う。

閑静な住宅街や団地の駐車場、駅前の繁華街に量販店の並ぶバイパス沿いと捨て場所はさまざまだったが、何処も大なり小なり河川に近い道なのが印象的だった。

藁人形はどうするのかと問うと「あれは単なる〝入れ物〟だからな」と、よく解らない答えが返ってきた。深入りするのが躊躇《ためら》われて、それ以上は何も訊かなかったという。

最後の軍手を捨てた頃には、夜が白々と明けはじめていた。

「もしも路上に軍手が落ちているのを発見しても、決して触るんじゃないぞ」

車を降りた小谷へ強い口調で言い含めると、男性はバイト代の入った厚い封筒を渡し走り去っていった。

小谷は今でも、路上に放置された軍手を時おり見かける。

あのときの話を鵜呑みにしたわけではないが、どうしても触れる気になれないそうだ。

「地面に捨てられた軍手が、わずかに動いたように見えたんだ。あれを見ちまったら、触れないよな」とは、彼の言葉である。

草爺

「今でも時おり、あの淋しそうな笑顔を夢に見るんです」

そんな科白《せりふ》から始まった、Oさんが十代の頃に体験した出来事である。


その日、彼女はボーイフレンドと繁華街を訪れていた。

お目当てのテナントをひとくさり見終え、「次は何処《どこ》に行こうか」と相談していた矢先、彼女はふいに背後から声をかけられたのだという。

「お嬢さん、そこのお嬢さん」

振りかえると――ひとりの老人が立っていた。

雑巾を貼り合わせたようなコート。火事場を浚ったのかと見まがうほど黒ずんだ肌。生ゴミを煮たような体臭。いわゆる、ホームレスだった。

「お嬢さん。何か食べるものはありませんか」

ちりちりの白髭をたくわえた老人は、ふらつきながら両手を前に差し出してふたりに近づいてくる。彼が足を進めるたび、揺れる空気で臭気がさらにきつくなった。

「何も持ってないから、ゴメンな」

ぞんざいな口調で追い払おうとした彼を遮って、Oさんは前へ進んだ。彼女はバッグからのど飴の大きな袋を取り出すと、それを丸ごとホームレスに手渡した。

「あまりお腹の足しにならないかもしれないけれど……これしかないの、ごめんなさい」

老人は受け取った袋を握りしめ、何度も頭を下げながら去っていった。

「知らなかったよ、そんなボランティア精神があるなんて」

彼氏の皮肉に、彼女は曖昧な笑顔で応えた。

「実は、のど飴を買ったは良いけどあまり美味しくなくて、処分に困ってたんです。だから、あのお爺ちゃんに渡しちゃった……それだけだったんですよ」


以来、彼女は何度となく老人を見かけるようになった。

「こっちが認識しちゃったんで、自然と目に入るようになったんでしょうね」

老人は繁華街を根城にしているらしく、地下通路で青いビニールを布団がわりに寝ていたり、空き缶を詰めたポリ袋を背に青息吐息で歩いていたりと、その暮らしぶりは相変わらず苦しそうに見えた。

「目が合うと決まってちいさく会釈してくるけど、それ以上は決して近づいてこないんです。たぶん彼なりのマナーなのかな、じゃあ食べ物を欲しがった時は本当に死にそうだったんだなと思って。ゴミ箱代わりにのど飴を渡したのが、ちょっと申し訳なくて」

ある日、買い物のために ひとりで繁華街を訪れていたOさんは、ベンチに横たわっている老人を目に留める。彼女は衝動的に近くのコンビニでジャンボ肉まんをひとつ買い、ベンチまで駆け戻った。

差し出された肉まんを見るなり、老人が大きくかぶりを振る。

「お嬢さん、いかんです。あなたみたいな人がこんな輩《やから》に施してはいけませんよ。運が逃げます」

Oさんは肉まんをふたつに割ると、しきりに詫びる老人の手へ半分を握らせた。

「私ね、肉まんを食べたかったけれどひとりじゃ大きすぎたの。だから、半分こ。気にしないで、これは私の自己満足ですから」

その言葉に、老人は泣きそうな顔で微笑《ほほえ》みながら深々とお辞儀をした。

「だからそんなに恐縮しなくて良いってば。ジコマンだから。じゃあね」

手を振って踵《きびす》をかえした彼女の腕を、老人が掴んだ。

「お嬢さん……お礼に、良い事をお教えしましょう」

驚きのあまり身を竦める彼女に向かって、諭すような口ぶりで老人が言った。

「このあいだ、一緒にいらしたお坊ちゃんにお伝えください。しばらくは、この場所に来てはいけない」

来てはいけない。

本当に、来てはいけない。

同じ科白を連呼し、老人は困惑するOさんを残して雑踏に消えていった。

握りしめられた感触が、しばらく腕に残っていた。

「正直……ちょっと怖かったです。やっぱり、気まぐれで施しなんてするべきじゃなかったと後悔しました」

買い物を続ける気が失せ、彼女は早々に帰宅する。

ボーイフレンドにも、老人の言葉は内緒にしておいた。


それからしばらく経った、日曜の午後。

部屋でまどろんでいたOさんは携帯の着信音で強制的に起こされた。液晶を見れば、表示されているのは彼氏の自宅番号である。

いつもはメールで用件を済ますのに、自宅から電話なんて珍しいな。

不思議に思いながら通話ボタンを押すと、電話に出たのは彼の母親だった。

一時間ほど前に、彼が事故に遭ったとの報せだった。

交差点。信号無視の大型ワゴン、曲がった自転車のフレーム、意識不明。

携帯電話の向こうから聞こえてくる単語が理解できない。

呆然としているOさんに、母親が事故現場を告げる。

繁華街にある十字路——老人が示した、まさにあの場所だった。


薄暗い廊下。慌しく行き来する医師や看護士。集中治療室からは、絶えず電子音や機械の駆動音が聞こえている。

面会謝絶の札を前に呆然と佇むOさんへ、彼の母親が容態を知らせた。

「……今晩、持ちこたえられるかどうかなんですって」

悲痛な涙声に、頷《うなず》く以外なかった。

「共に夜明かしさせてほしい」と頼んだものの、彼の父親は首を縦に振らなかった。

「気持ちはわかるけど、ご両親も心配すると困る。容態が変わったら必ず連絡するから、いったん家で待機していなさい」

そう促され、Oさんはしぶしぶ病院をあとにした。

自宅に向かう市バスが、事故現場の十字路へと差しかかる。路上に散らばったウインカーカバーの破片が、ネオンや歩行者信号の点滅を反射し、星屑のように輝いていた。現実感のない風景――ここで、彼が。

病院に駆け戻りたい衝動に襲われるなか、Oさんは向かいの歩道で路上をじっと眺めている人影に気がついた。

ホームレスの老人だった。

彼の姿を見た瞬間、あの科白を思い出す。慌てて降車ブザーを押し、運転手の文句を聞き流しながらバスを降りた。

「ああ、お嬢さん……申し訳ありません。私が思っていたより、酷い結果だった」

Oさんの姿を認めるなり、老人は手で顔を覆った。

「……どうして、彼が事故に遭うと知っていたの？」

震え声で問いかける。俯いたまま、老人は何も答えない。

「もしかして……あなたが殺そうとしたんじゃないんですか。彼に嫉妬して、ここで襲ったんじゃないんですか」

馬鹿馬鹿しいと思いながらも、なかば八つ当たりのように責めた。

目を見開いた老人が懸命に首を振る。口からは、違う、違うと小さく声が零《こぼ》れていた。

「じゃあ、なんで事故を知っていたの。答えて、答えてください！」

泣きながら絶叫する彼女を見つめると、長いため息をついて、老人が口を開いた。

「わかりました。お教えしますから、少しだけ時間を頂戴してもよろしいですか」

街路樹の柵へとベンチ代わりに腰かけ、彼の独白がはじまった。

「……九州にある私の家では代々〈おさきうかがい〉をおこなっていました。まじないのようなものでね、目の前にいる人間の未来を当てるのです。優秀だった祖母に顔が似ていた私は〝この子が跡を継げば安泰だ〟と周囲に神童扱いされたものですよ」

Oさんが買ってきた缶コーヒーを握りしめ、視線を遠くに見据えながら、老人は独り語りを続ける。

「あの時も、坊ちゃんの後ろに黒々とした靄《もや》が見えたのです。きちんと修行していれば、もっとはっきり見えたのでしょうが……申し訳ありません」

頭を下げる老人の肩を揺すってOさんは問い詰めた。未来が見えるだなんて、俄《にわ》かには信じられない。証拠はあるのか。すると老人は、

「見えるものが見えないから、見えないものが見えるんですよ」

そう言うなりおもむろに指を左瞼の奥へ突っこみ、うすっぺらい眼球を取り出した。

義眼だった。外した目の奥に、半熟卵のように白濁した眼球があった。

「第一子は代々、神様に片目を捧げてこの世に出るのです。私の父も祖母もそうでした。しかし私は、あの家が嫌いだった。どうして余所《よそ》様の未来を当てるために自分の未来を殺さなければならないのだと、修錬もそこそこに家を飛び出した……もう、四十年も前の話です」

何を思い出しているのか、痛みを堪えるような表情を浮かべて、老人は缶コーヒーを啜る。

「気づけば、落ちぶれるだけ落ちぶれてこの有様。自分で未来を殺したようなものです」

これが、私のお伝えできるすべてです。

それきり、長い沈黙が訪れた。しばらく考えていたOさんが、意を決して尋ねる。

「……ねえ、彼を助ける方法は、ないんですか。未来が見えるなら、未来を変える事もできるでしょ!」

お願い、お願いだから彼を救って。

泣きじゃくるOさんに襟《えり》を掴まれた老人から、先ほどまでの悲痛な表情が消える。

「お嬢さん。人間の命を動かすというのはね、外法《げほう》なのです。神仏の領域、すなわち禁忌なのです。真っ当な人間がやってはいけないものなんです」

小さく頷いて、老人が立ちあがる。

「けれども……私はもう、真っ当な人間じゃない。昨日、お嬢さんと同じくらいの若い兄さんに、寝ているところを蹴りつけられました」

老人が、ごわごわに凝った髪をめくりあげる。耳朶《じだ》が半分ちぎれ、血と膿で固まっていた。食べかけのピザに似た色合いだった。

「その前は、一日歩き回ってようやくありついたパンへ、酔ったサラリーマンから小便をかけられました。傘で目を突こうとする小学生。スタンガンの実験台に私を使う高校生。〈彼ら〉に遭うたび、自分は植物なんだ、人間を辞めて心を捨てたんだ、何も考えない草になったのだから、悲しんだり怒ったりしなくて良いのだと言い聞かせてきました」

仰ぐように空を見あげた老人の笑顔は、淋しげだった。

「けれども、お嬢さんのお友達を助ける事ができたなら、最後の最後、一瞬だけ私は人に戻れるかもしれません」

「……何を、するつもりなの」

Oさんの質問に、老人は穏やかに笑うばかりで答えようとはしない。

「お嬢さん。草のような生き方に、こんな草爺みたいな人生になってはいけませんよ。

真っ当な人として生きるよう、精進してくださいましね」

力強く言いきると、老人は薄暗い繁華街の路地へ消えていった。

「背中を見送りながら、自分はもしかしてとんでもないお願いをしたのではないかと、不安になりました」

どれくらいの間、佇んでいただろうか——携帯電話の振動で我にかえった。

液晶画面のなかで、彼の母親の番号が点滅していた。

「彼の意識が戻ったという連絡でした」


さっきまでの喧《やかま》しさが嘘のように、集中治療室は静まりかえっていた。

「お医者さまが、こんなに早く回復するとは思えないって首を捻っていたわ」

興奮して彼の母親がまくしたてる説明も、Oさんは上の空で聞いていた。

安堵と同時に落ち着かない気持ちを抱えたまま、彼が移された病室を目指す。

と、リノリウムの廊下を曲がった直後、救急搬入口から搬送されてきたストレッチャーが向こうからやって来た。

慌しい動きに気圧され、壁ぎわに身を寄せて道を空ける。

Oさんの目の前を、救急隊員に囲まれながら患者が運ばれていった。

血まみれの草爺だった。

頭の上半分が、空気を抜いたゴムボールのようにへこんでいる。

砕けた義眼の破片が瞼《まぶた》を貫通していた。

眼窩《がんか》が潰れた反動でめくれあがった鼻から、黒い血がだらだらと流れ続けている。肩口や腕の先が、針金細工のようにひん曲がっていた。

「いやもう無理だろ、コレ」

通り過ぎるまぎわ、搬送している医師の漏らす言葉が耳に届いた。


「草爺は、路地裏にある小さな稲荷明神の前に倒れているのを発見されたそうです」

十数か所の骨折、頭蓋骨陥没に内臓破裂。

集団リンチか、もしくはダンプに撥ねられたのではないかと警察は結論づけ、消極的で形式ばった捜査をおこなったきり、事件はうやむやになった。

「どちらでもない……と、私は思っています。草爺が、どんな手段を使って彼を助け、どんな代償で命を落としたのかはわかりません。けれども、最後の最後、草爺は真人間に戻れたんだと私は信じています。彼氏にも〝あなたは生かされているんだよ、私たちは罪深いんだよ〟と毎日のように言っているんです」

深々と息を吐いてから、Oさんは潤んだ瞼を指でぬぐった。

現在、彼女は日雇い労働者の支援施設でボランティアをおこなっている。
今でも草爺の月命日には、現場へ肉まんを供えに行くのだという。

母子

ある休日、Hさんは大型スーパーへと買い物に出かけた。

「友人との予定が潰れたので暇つぶし、何を買うという目的もなかったんです」

客の多さに驚きつつ店内をぶらぶらと散策していた彼女は、ふと、数歩先を歩いている親子に目が留まった。

アニメキャラクターがプリントされているトレーナーを着た四、五歳の少年が、母親の腕にぶら下がって、ねだるような仕種を見せている。

しかし母親はそんな息子にいっかな構う素振りも見せず、黙々と歩き続けていた。

「微笑ましいな。私もいずれ、あんな家庭を持つようになるのかな、なんて思いました」

どんな会話が交わされているのか気になった彼女は、わずかに歩調を速めて親子の側へ近寄った。少年は、どうして、ねえどうして、と繰り返しながら母の袖を引っ張っている。

何をねだっているんだろう。

ひそかに心を躍らせながら、耳をそばだてた。

「ねえ、どうして。お母さん、どうしてぼくをころしちゃったの」

少年の顔の真ん中が、べっこりと陥没しているのに気がつく。

「思わず立ち止まっているうちに、親子は雑踏の中へ消えていきました」

その後、彼女は同じ大型スーパーを何度か訪れたが、例の親子連れに会う事は二度と無かったという。


「何ヶ月か経ってから、あの母親によく似た女性と路上ですれ違ったんです」

まだらに抜けた髪を振り乱し、何かをぶつぶつ呟きながら、女はHさんの居る方角へと近づいてきた。

「濁った目を見た瞬間、あっ、これはもう話が出来る状態じゃないと思って」

顔を伏せて、女が通り過ぎるのを待った。

身を強張らせていた彼女の耳に、一瞬だけ女の言葉が届く。


ごめんごめんごめんごめめんごめんもうしんでごめごごんごめんごめ

「早足で逃げました」

今でもあの声を夢で聞くときがあると、Hさんは憂鬱そうな表情で漏らした。

旧家

数年前、陶芸家のIさん夫婦は東北のある村にアトリエ代わりの一軒家を借りた。

「村周辺で良い土が採れると知り合いに聞いたのがきっかけでした。遠縁の男性を介して格安の物件を紹介してもらったんです」

古い家だと再三聞かされていたため修繕費用が不安だったが、着いてみれば外観は多少古ぼけてはいるものの、内部はしっかり洋間にリフォームされている。階段や台所もぴかぴかに磨きあげられており、トイレにいたっては最新式のビデ洗浄機がついていた。

「都会から来た人が住むんだもの、新しくないと可哀相だろって大工をこき使ったんだよ」

紹介主の男性が、自慢げに胸を張った。

「あまりに近代的すぎて、却って勿体ないと思うほどでしたね」

翌週から、さっそくIさんは作品に取りかかった。

裏山の土は粘りを充分に含んでおり、近所の工房に特設してもらった窯も申し分ない。

これは最良の焼き物が出来るぞと喜んだのも束の間、奥さんが体調を崩してしまった。

「頭痛と吐き気が酷く、一時間と立っていられなくなってしまって」

環境が変わった所為《せい》だとばかり思っていたが、一週間経っても具合はいっこうに良くならない。

そのうち妻が、この家はおかしいと言い出した。

一人で寝ていると、廊下や階段を歩く足音がする。

天井裏からは、爪で引っ掻くようなかりかりという音が絶えず聞こえる。

自分以外の気配がいつも漂っていて落ち着かない。

諸々の異常を理由に、妻は「東京へ帰りたい」と訴えるようになった。

「古い住宅だから家鳴りはするし、天井裏にネズミやイタチが住んでいてもおかしくない。他人の気配がするのは雰囲気に慣れていない所為だよ、と説得したんですが」

半月ほどで、妻は療養したいと実家へ帰ってしまった。

「心配でしたが……私自身も三ヶ月後に迫った初の個展で頭がいっぱいだったんです」

女房がいなくなると、ひとりの時間が手持ち無沙汰になる。

その日、制作に詰まって早めに作業を切りあげたIさんは、夕方から酒を煽《あお》っていた。

止める人間も居ないために、缶ビールがどんどん空になっていく。そのくせアイデアはてんで纏《まと》まらない。悶々としながらソファーに寝転がっていた彼は、二階から妙な物音が聞こえるのに気がついた。

ぎしぃ。

くすんだ板張りの天井が、櫂《かい》を漕ぐような音を立てながら軋んでいる。

はは あ、女房が言っていたのはこれか。

おもむろに立ち上がると、Iさんは階段を駆けあがった。

「音の正体が解れば女房も戻ってくるはずだ、酔った頭でそんなことを考えていました」

二階の襖《ふすま》をすべて開け放ち、あたりをくまなく見渡す。

箪笥《たんす》の裏から戸棚の陰、押入れの奥まで思いつく場所を隅々まで探したものの、ネズミの類はおろか物音を立てる原因はいっこうに見あたらない。

古い家だ、思った以上に軋むのかもしれないな。家捜しをあきらめ、強引に結論づけて息を漏らした――次の瞬間。

どん――と、床を突きあげる振動が足の裏に伝わった。

え？　一階？

慌てて階段を降りると玄関を覗いたが、引き戸はぴたりと閉じられており、誰かが来た気配はない。

首を傾げている彼の頭上で、二階の天井が再び、ぎしぃ、と鳴った。

「からかわれているようで腹が立ちましてね。で、絶対に解明してやると思って」

気づかぬ素振りをしながら耳をそばだてて音の在処を探った。相変わらず天井からは、ぎしぃ、ぎしぃ、と耳障りな音が届いている。

ふと、考える。

もしかして、この音は一階と二階の間、天井裏から聞こえているのではないか。そう考えると、音の正体に遭遇できない訳も、両階から聞こえる理由も合点がゆく。小動物の類が這い回っているにせよ、気温の変化で柱が収縮しているにせよ、所在さえ突き止めてしまえば怖くも何ともない。

「難事件を解いた探偵の気分でした。酒の力も手伝って、思わず叫びましたね」

防災用に転がしておいた懐中電灯を手に、脚立をのぼり天井の戸板をずらした。上から降ってくる綿埃を掃《はら》いながら天井裏を覗きこむと、ようやく腹這いで進める程度の僅かな空間に、暗闇が広がっていた。

懐中電灯のスイッチを入れて、暗がりを照らす。雲海よろしく梁一面に積もった埃と、そこから突き出た柱が薄ぼんやりと光の中に浮かびあがる。

目を凝らすが、音の正体らしきものは見えない。

更に周囲を探ろうと灯りを右へ左へと動かしていたIさんの手が、止まった。

柱の向こう、居間のちょうど真上にあたる部分に、額縁のようなものがびっしりと敷き詰められていた。額縁はすべて、表を天井裏の床に向ける形で伏せられている。

「数にして五十枚くらいかな。ちょっと言葉を失う光景でしたよ」

賞状か何かだろうか。

不思議に思ったIさんは強引に身体を天井裏へねじこみ、手を伸ばして額縁を掴むと何が書かれているのかを確かめるために伏せられていた表をあげた。


喪服を着た老人が、額縁の真ん中で静かにこちらを見つめていた。

名前と年月日が、余白の部分に筆書きで記されている。

「遺影でした」

驚きながら、手の届く範囲にある他の額縁も捲りあげる。

髪をきっちり結いあげた女性の白黒写真に、墨絵のように滲んだ老婆の肖像画。

文字で背景がびっしり埋められた幼児の似顔絵に、ピントがぼけて目鼻の判らない男性の写真。

性別も時代も描かれ方もてんでバラバラだったが、重苦しい雰囲気だけは共通している。すべて、遺影だった。

なんだこれは。どうして、ウチにこんなものが。

待てよ。という事は、今まで自分は何十人分もの遺影と共に暮らしていたのか。

足を震わせながらそろそろと脚立を降りようとした彼の目の前で、奥に重ねられていた遺影が、がたん、と音を立てた。

転がるように脚立から降りると、Iさんはそのまま家を飛び出して車を走らせ、隣町の古ぼけたビジネスホテルに飛びこんだ。

「もう、あの家に戻る気にはなれなくて」

翌朝、紹介主の男性に連絡すると〝ああ、やっぱりアンタらも認めてもらえなかったか〟と告げられたきり、ぞんざいに電話を切られてそれきりになった。

「何かの風習、あそこ独特のしきたりなんじゃないかと思うんですが……戻って突き止める勇気はありませんでした」

翌週、Iさんは引っ越し業者に電話で指示を出して必要なものだけ持ち出すと、逃げるようにそこを引き払った。

現在、夫婦は南関東の工業都市に住居を構えている。

窯や工房のある場所までは車で一時間かけて通っているそうだ。

「行き帰りは大変ですが後悔はないですよ。もうあんな体験はちょっとゴメンですから」

そう言って、彼は深々と息を吐くと苦笑しながら首を横に振った。

くだんの家は、今も建っているはずだという。

親指

「オシラサマ？」

「は？　なんスかそれ」

「岩手県を中心に伝わる神様というか精霊というか……そういう存在だよ。遠野物語にも登場するだろ」

「知らないッスね。海物語だったら解るけど」

「……君が行った神社はオシラサマではないの？」

「あぁ、惜しいって感じッス。オレの見たのはオシラセサマです」

「はあ……」

以上の脱力感漂う会話は、私と今回の話者、K君のやりとりである。

この原稿を書く数日前。私は知人の忘年会に招かれ、東北のSという大都市にある台湾料理店へと足を運んでいた。初めてお会いする方々も多く、あわよくば怪談のひとつでも収集できればと企んでの参加だった。

その席上、たまたま隣に座った青年がいた。彼こそが冒頭の会話の相手、K君である。

「オレ、変な体験ありますよ。オシラセサマって知ってますか」

彼のこんな唐突きわまる告白に驚き口にしたのが、はじめの科白というわけだ。

話は、五年ほど前にさかのぼる。


きっかけは、この年代の青年にありがちなものだった。

そう、肝試しである。

「八月だったかなあ。ダチ数人が集まってスロットの新装（開店）打ちに行ったんスよね。まあ結果は勝ったり負けたりボチボチで。で、あんまり盛りあがらなかったんで〝なんか面白いことして解散してえなあ〟ってハナシんなって。したら、ひとりが〝心霊スポット行こうぜ〟って言いだしたんスよ」

友人いわく、此処から車で三十分ほどの場所にちいさな祠《ほこら》があるのだという。その祠は田んぼのなかにぽつんと聳《そび》えており、一見すると村の鎮守の名残としか思えない。しかし、其処はちょっとしたいわくつきの場所であるらしい。

「オシラセサマだっつうんスよ」

その祠の前で写真を撮ると、未来が写る。

友人の周囲では、そんな噂がまことしやかに囁かれていた。

「……つまりよォ、未来を知らせるからオシラセサマって名前なのか？」

「じゃねぇの。オレはあんまよく知らんけど」

「未来って……死期が見えるみたいなハナシか？」

「知らねぇよ」

「じゃあ成長した姿が見えるとか、写真のオレらが爺さんになってるとか？」

「だから、知らねッてんだろうが」

「ッんだよオメエ。なんにも知らねぇじゃねえか」

「しょうがねえべや、オレだって名前を聞いただけだもの」

「んだそりゃ、あいかわらず使えねぇなオメエは」

「あ？　やんのかコラ」

喧嘩になりかけたK君と友人を、ほかの仲間が諫める。

「馬鹿かオメエら。そんなの行ってみりゃあ良いだけだべや。どうすんだ」

仲間の仲裁に、ふたりが無言で頷く。

こうして、肝試しがはじまった。


夜の農道は、いちめんの暗闇だった。

周囲には灯りひとつない。見えるのはヘッドライトに照らされた砂利道と、その両脇にぼんやり浮かぶ、青々とした稲穂ばかりである。

「で、そのオシラセサマって何処よ」

「いや、確かにこのへんだって聞いたんだけどなぁ」

「何処も彼処《かしこ》も田んぼだらけで、探しようがねぇべや」

狭い車に大の男が四人、ぎゅうぎゅう詰めで乗っている。息苦しさは苛立ちに変わり、車内の空気は次第に険悪なものになっていった。

「ッたく。なんでスロット勝ったのに、こんな罰ゲームみたいな真似してんのオレ」

「オレは負けてんだよ。憂さ晴らしでもしねぇと寝れねえべや」

「ハッ、憂さ晴らしが迷子か。オメエは幼児か。はじめてのおつかいか」

「あ？　今度こそやんのかコラ」

K君と友人が胸ぐらを摑みかけた、その瞬間。

「おい、アレ。アレアレアレ」

運転手が前方を指さして叫んだ。全員がフロントガラスの向こうへ視線を移す。

「あ」

やや土手になった畦道の行き止まりに、杉の木が一本立っている。そして、その根元に子供ほどの大きさをした鳥居と、石造りの祠が置かれていた。

「……あった」

畦の手前に車を停めてエンジンを切り、畦を歩きはじめる。地形上、真正面からヘッドライトで照らすことができず、祠の上半分だけに光が当たる形になった。

「なんだか……ぶった斬られた祠が空中に浮かんでいるみたいで、ヤバかったッスよ」


もっとも、盛りあがったのは到着するまでだった。いざ着いてみると、祠はおどろおどろしさが微塵も感じられない平凡なものであったという。

「だってよく見たらコンクリなんスよ、祠。どっかの石材店が最近作ったみたいな感じで。こういうのって普通は苔の生えた石とかでしょ。オレ、なんだか興ざめしちゃって」

ほかの仲間もすっかり飽きたのか、「オラ、祟れよ」と言いながら祠を足先で蹴ったり、杉の木に立ち小便を引っかけたりと不遜なふるまいを楽しんでいる。

「……なぁ、眠くなってきたし。そろそろ帰んべや」

「お、じゃあせっかくだし。最後に写真撮ってみっか」

「そうだそうだ、オシラセサマだもんな」

ジャンケンに負けて撮影役になったK君を残し、三人が祠の脇に立つ。

「ピースか？　こういうときはピースか？」

「馬鹿、ジョシコーセーじゃねぇんだから。もっと格好良いのあんべや」

「お、じゃあこんな感じか？」

そう言うや、ひとりが親指をグッと突きだして拳を握った。

欧米で「グッド」の合図に使われるようなジェスチャーである。「古くね？」「うっせぇ」などと笑いながら、全員が親指を突き立てた。

「じゃあ、撮るぞ」

K君が携帯電話のレンズを向けると、仲間たちがふざけた表情を作って応えた。

暗闇にフラッシュが二度、三度とまたたき、シャッター音が静寂にこだまする。

「おお、どうよどうよ」

「心霊写真、撮れてっか」

「馬鹿、心霊写真じゃなくて未来だべや」

騒ぎつつK君のもとへ駆け寄り携帯電話を覗きこんだ三人の表情が、一斉に固まった。

「なにこれ」

正面から見て、いちばん右側に立っている友人。その親指がアルファベットの《V》を逆さまにしたように、ぐんねり曲がっていた。

溶けた水飴を思わせる、やわらかな曲がり方だったという。

「……動いたんで、ブレたんじゃね？」

K君の言葉にも、誰ひとり返事をしない。くだんの友人が微動だにしていなかったのは、此処にいる全員が知っていた。

「未来……なのか？」

「つまり、このあとでオレは指を怪我するってぇのか」

「怪我なら良いけど」

「……なんでオレだけ」

「オメエ、さっき祠を蹴ったべや」

「そんなら、テメェだって小便したじゃねぇか」

「だから呪いじゃなくて未来だって言ってんだろうがッ」

K君の怒声に、言い争っていたふたりが口を噤んだ。

沈黙が流れる。帰りの車中も、口をきく者はいなかった。


「そんな感じッス」

「ええと、それで親指が奇妙な形に写ったご友人は、いま……」

唐突な話の終わりに戸惑った私は、メモ帳から視線をあげてK君に訊ねた。

「あ、別にアイツの指はなんもなかったッス。その後も普通に働いて、職場の姉ちゃんと結婚して、子供も三人できました」

にこにこと微笑む彼に愛想笑いをかえしつつ、私はひそかに落胆していた。

不謹慎なのはじゅうぶん承知しているが——この話は、弱い。

この手の話なら、せめて友人が親指を切断するほどの大怪我を負うか、さもなくば死んでもらわないとパンチに欠ける。「変な写真が撮れました、はいオシマイ」だけでは、目の肥えた最近の読者は納得しない。追加取材をおこない、臨場感あふれる現場の描写を工夫してみたところで「まるで怖くない」「迫力に欠ける」「とうとうネタ切れか」などと酷評されるのがオチである。

意外性もないし、今回は見送りかな——私は当初、そのように考えていた。

ではなぜ、この話が本書に掲載されているのかといえば、別れ際にK君が以下のような科白を口にしたためである。

はたしてこれがオシラセサマでの出来事と関係あるのか否か、私にはいまいち確信がもてない。無理矢理こじつけて書くこともできるが、不誠実に思えて気が乗らなかった。

なので、最後に彼の言葉を紹介してこの話を終えたいと思う。真偽については、読者諸兄が各々判断していただきたい。

　ちなみに、オシラセサマは現在も同じ場所にあるそうだ。

「あ……あとコレ関係あるか解んねぇッスけど。そのダチがオレらと神社に行った翌週ね、ソイツのオヤジさんとオフクロさん、自動車事故で〈親〉ふたりとも死んだんスよ。なんか、ダンプと真っ正面からぶつかったらしくて。首の骨が折れて即死だったみたいッス」

一連

マドンナ

《終わりにしましょう》

宮園さんは二ヶ月ほど前、彼女からメールで別れを告げられた。

「そりゃあ驚きますよ。年度末に異動の内示がなければ入籍して、夏にはハワイで結婚式を挙げよう……そんな話をしていた翌週の出来事だったんですから」

思いあたる節はひとつもなかった。借金もゼロ、女性関係も潔白、暴力をふるったことはおろか、口喧嘩すら数えるほどしか記憶にない。

彼女には浮気相手がいたのに違いない。結婚を間近に控え、ソイツへ心変わりしたんだ。そんな疑念は、いっこうに連絡がつかないなかで確信へと変わっていく。

別れのメールから数日後。宮園さんは会社を早退すると、彼女が勤務しているオフィスの前でひそかに退社を待ち続けた。カバンには、学生時代に買ったサバイバルナイフ。

殺すつもりだった。

ところが、宮園さんの殺意は彼女と出会って二秒あまりで吹き飛ばされてしまう。

「ビンタされたんです」

姿を見つけるなり、彼女はまっすぐにこちらへ近づいてくると「あんなことしといて、よく平気で顔を見せられるわね！」と叫びながら平手を見舞ったのだという。

虚を突かれて攻撃するタイミングを失った宮園さんは、それでも鼻血を手の甲で拭いつつ「俺がなにしたっていうんだよ」と反論した。

「なにって……部屋にオンナ連れこんどいてシラを切るつもりなの。最低！」

「は」

身に憶えなどなかった。

怒声まじりの説明によれば、彼女は数日前、勤務先で貰ったスイーツを一緒に食べようと不意打ちで彼のアパートを訪問したのだという。不在の可能性もあったが、幸いにも合鍵は持っている。もしも宮園さんがいなければ、夕食を作っておいて帰宅した彼を驚かせようと企んでいたようだ。

しかし、そんな甲斐甲斐しい気持ちはアパート手前で消え失せる。

彼の部屋に、明かりが点いていた。

鈍く光るカーテンの向こうでは、長髪の細いシルエットが身体をくねらせている。前後に頭を揺らすその影には、胸の部分に大きなふくらみがあった。

あきらかに、裸の女だった。

怒りで顔が熱くなるのを感じながら窓を睨む。そんな彼女を馬鹿にするかのように、影は上半身を大きく仰け反らせて出鱈目《でたらめ》な笛に似た声で絶叫し、同時に電気が消えた。のちに彼女が語ったところによれば、女の動きはさながら「歌手のマドンナのステージを思わせるもの」であったという。

「……よほど乗りこんでいこうかと思ったけど、それすらも馬鹿馬鹿しいと思ったの。どう、これでもまだ言い訳するつもり？」

猛禽類《もうきんるい》を思わせるまなざしの彼女を眺めながら、宮園さんは呆気にとられていた。

「……なあ、ちょっと質問させてもらって良いかな」

「いまさらなによ」

殴りかかる構えを見せた彼女を両手で制し、彼は言葉を続ける。

「おまえ、俺の部屋に来たことあるよね」

「当たり前でしょ、何度も行ったじゃない。その思い出の部屋であんな汚らわしい
……」

「だ、だから待てって。あのさ……部屋の配置、憶えてる?」

その言葉に、彼女の握り拳がわずかに緩んだ。

「カーテン越しに見た女、窓のすぐそばにいたんだよね。カーテンにシルエットが映るってことは、そうじゃないと辻褄が合わないだろ。でも、ウチの窓さ……」

本棚で覆ってるじゃん。

「あ」

「書棚、窓にぴったりくっつけてるでしょ。一緒に運んだから、憶えてるよね」

宮園さんの問いに、無言で彼女が頷いた。

「あそこ……誰か入れる隙間なんてないと思うんだけど」

一分ほど沈黙してから、彼女が「そういえば」と漏らした。

「女の人の影……ぴんと指を伸ばした掌《てのひら》を、こっちに向けてたんだよね。あのときは〝窓に手をついてイヤらしいことしてるんだ〟って思ったけど、もしかして」

苦しくて、窓を引っ掻いてたのかな。

脅える彼女の手を引いて、宮園さんはアパートへ二人で戻った。

書棚を移動してみると、彼女がシルエットを目撃したという窓には無数の細かな擦り傷がついていたそうである。

「幸か不幸か、もともと入籍後はマンションに引っ越す予定があったので翌月にはそこを引き払いました。あの《窓女》がなんだったのかは、最後まで不明のままでしたけど」

新居に越してから、彼女はわずかな家鳴りでも脅えるようになってしまったという。

「最近は〝一緒にカウンセリングを受けてみるか〟なんて話してますよ。幽霊って、あとを引くものなんですね」

宮園さんはそう漏らして、深々とため息をついた。

入居

その日、不動産業を営む辻野さんは、学生とその母親を連れて賃貸物件をめぐっていた。

「前のアパートを飲酒騒ぎで退去させられたとかでね。正直〝あまり良い客じゃないな〟と思っていたよ」

物件探しは難航した。卒業シーズンならともかく、中途半端な時期とあって手頃な部屋は軒並み埋まっていたのである。

午前中からはじまったアパート行脚《あんぎゃ》は、すでに昼をまたいでいる。空腹が苛立ちを助長し、いつしか辻野さんは「次の物件で決めよう」と決意していたそうだ。

着いたのは、郊外にぽつんと建っている一軒のアパートだった。

「裏が墓地の所為か、広い間取りの割に家賃が安くてね。幸い正面から墓地は見えないし、部屋を見せてゴリ押ししちまおうと思っていた」

気怠そうな態度を崩さない学生と疲れた表情の母親へにこやかに笑いかけて、後部座席のドアを開ける。間取りの広さを強調しながら階段をあがり部屋のドアを開けた、その瞬間。

複数の足音がばたばたばたばたと彼の脇を走り抜けていった。

音が過ぎ去る間際、耳許で「またしぬね」と、幼子の声が聞こえたという。

「ぞっとしたけど、幸か不幸か学生親子は気づいてないみたいだったからね。そしらぬ顔で〝ここはオススメです〟なんつって。おかげで契約成立、貸してやったよ」

まあ、俺なら絶対に住まないけどな。

辻野さんはそう言って笑った。

入居してから三ヶ月が過ぎたころ、学生は中退して故郷に帰ったそうだ。

理由は知らないという。

黒電話

三門さんの家には、使われなくなった黒電話が一台置かれている。

「いやいや、家と言っても一軒家じゃないんです。アパートの一室。まあ、六十過ぎの男が住む場所としては、ちょっと寂しいかもしれませんが……これが現実です」

定年を迎えて四十年の会社務めを終えたその晩、妻は離婚届を彼に差し出した。

「仕事一筋の日々で、ずいぶん前から半ば家庭内別居のようなものではあったんですが……まさか、妻がこれほど思いつめているとは気づきませんでしたね」

だが、いまさらなにを話し合えば良いのかも解らず、三門さんは言われるまま判を押した。「家は自分と娘に譲ってほしい」という妻の要求も、黙って受け入れたらしい。

「心のどこかでは〝そのうち、やり直したいと言ってくるだろう〟なんて考えていたんです。いずれ私が必要になる、そのときはアイツを許そうと楽観視していました」

だが、妻からは現在までいっさい連絡がない。

ひとり暮らしは、今年で三年を迎える。

そんな三門さんにとっての《心の支え》が、先述した黒電話である。彼によれば結婚して間もないころ、なけなしの給料をはたいて買ったものなのだそうだ。

「妻は〝これで独身時代みたいに公衆電話へ走らなくて済む〟と喜んでいました。だから、これを見ていると妻から電話がくるような気がするんです。あのころみたいに〝早く帰ってきて〟なんて弾んだ声が聞こえてくる。そんな期待をしちゃって……」

はは、電話線も繋がっていないのにね。

自嘲気味に笑っていた彼の表情が、ふと険しいものに変わる。静かに驚く私の前で、彼は「ところがね、ある晩」と言葉を続けた。

電話が、かかってきたのだという。

いつものように発泡酒を煽って床で眠りこけていた彼の耳に、聞き慣れた音が届いた。

りん、り、り、りん。

不定期で心もとない響きではあったが、それは確かに黒電話のベルだった。

慌てて跳ね起き、手探りで闇をまさぐる。ようやく指が受話器へ触れたその瞬間、ベルはぴたりと止んだ。

「一度きりなら、幻聴とか聞き間違いとか考えるんでしょうが……」

電話は、翌日以降も鳴った。

真っ暗な部屋に響くベルは、三門さんが電話機を見つけると同時に止んだ。一度切れると、あとは何時間待ってもぴくりともしない。

連日、その繰りかえしだった。

「自分のアタマがおかしくなったのかと思いましたがね……途中からは〝それでも良い〟と考えはじめたんですよ。もしかしたら何十回目、何百回目には電話が繋がるかもしれない。妻の声が聞けるかもしれない。そんな希望を抱いていたんです」

あの日までは。


ベルが鳴りはじめてから半月ほど経った、ある真夜中。

「風邪ぎみだった所為で眠りが浅くて。朦朧《もうろう》としていたんですよ」

りん、り、り、り、り、りん。

いつものように電話が響く。いつもであれば、すぐ布団から身を起こすところだったが、その日は身体がだるくて起きあがる気になれず、寝返りをうったのだという。

闇のなか、電話機のあるあたりに薄白い影が見えた。

磨りガラス越しのようにおぼろげな輪郭のなかで、角ばった肩のラインだけが明瞭《はっき》りしている。腰まで垂れた髪が、風もないのに揺れていた。

おや、と思った。

彼の妻は、どちらかといえば中肉中背、丸みを帯びた体型である。しかも、天然パーマのために長髪は嫌っていた。

じゃあ、お前は誰だ。

思わず闇に首を伸ばす。

目が慣れてきたと同時に、三門さんの喉からうめき声が漏れた。

見たこともない老女が、受話器を弄《いじく》っていた。

目のない女だった。

眼球のあるべき部分に、乱暴な傷がぽっかりと穴を作っていた。

女は手探りで受話器を擦ったり掴んだりしながら、持ちあげては落としを繰り返している。受話器がかすかに浮くたび、りん、りん、と小さく音が鳴る。そのたび女は顔を皺《しわ》だらけにして、にちゃにちゃと笑った。

歪な笑顔に震えた身体が、そのまま悪寒に包まれる。急激に熱があがるのを感じながら、三門さんは失神した。

「目が覚めると、まる一日半が経っていました。熱の所為で幻覚を見たのかもしれないとは思ったんですが……もう一度あれを見るのではと考えたら、耐えられなくて」

翌朝、彼は黒電話を近くの川原に捨てた。アパートも解約手続きを早々に済ませ、翌月に引き払ったという。あの女がなんであったのかは、いまでも解らないままだそうだ。

二匹の金魚

ある昼下がり、磯村さんのアパートへ隣町に住む叔母が突然訪ねてきた。

予期せぬ来訪に寝間着姿でおたおたしていると、叔母は「これ、一日飼えば良いから」と透明のビニール袋に入った二匹の金魚を手渡すや、そのまま踵をかえし去って行った。

驚いてすぐ母へ電話したが「あれは昔から〝変なモンが視える〟ちゅうて騒ぐ子やったき、今度もなんか感じたんでないの」と、素気なく返されるばかりであったという。

とはいえ、金魚をビニール袋へ入れたまま放置するわけにもいかない。彼女は、しぶしぶ浴室に置いていた洗面器へ水を張ると、そのなかへ金魚を放した。

金魚は元気そうに赤い尾を揺らして洗面器のなかを泳ぎまわっていたが、翌朝、出勤前にちらりと覗いてみたところ、二匹とも腹を上にして水面をたゆたっていた。

やっぱり、水道水じゃ駄目だったのかしら。

瀕死の金魚を放置するのはしのびなかったが、「飼っている魚が心配なので遅刻します」と連絡したところで、上司が納得するとは思えない。磯村さんは洗面器へ「ごめんね、帰ってきたら、ネットで治療法調べるからね」と手を合わせ、会社へ走った。


「ところが、その日は立て続けに急務が飛びこんできちゃって」

ようやく帰宅したときには、午後十一時を過ぎていた。

金魚、大丈夫かな。死んでいたら厭だな。

腐臭のただよう濁った水を想像しながら、おそるおそるドアノブへ鍵を挿しこむ。玄関で乱暴に靴を脱ぐと、磯村さんは洗面器に向かってまっすぐ進んだ。

「あれ」

いなかった。

水中には、尾鰭《おびれ》のきれはしが赤い点となってゆらゆら回転しているだけだった。外へ飛び跳ねたのかと周囲を探したが、金魚の姿どころか濡れた痕跡さえ見あたらない。部屋には猫や鳥が入ってくるような隙間もないから、動物が捕まえていったとも考え難い。

どういうこと。

にわかにぞっとした磯村さんは実家へ連絡すると、床に就きかけていた母から叔母の電話番号を聞きだした。

「時間も時間だし、叔母さんも寝ているかなと思いながら電話したんですけれど……」

叔母はワンコールで出るなり「死んだかね、消えたかね」と聞きかえしてきた。

「き……きえました」

しどろもどろで返答する磯村さんに、叔母は「ああ、じゃあまだ大丈夫だ」と言った。

「あんたの部屋……というより、その建物かしら。〝呪いを煮た鍋〟みたいになってるよ。あたしの住む隣町からも感じるんだから、よっぽどだ。そのままだと」

死ぬよ。

磯村さんが絶句するなか、叔母は続けて「もしも消えた金魚が見つかったら、そのときは《アイツら》が新しい相手を探している証拠だからね。すぐ逃げな」と告げ、電話を切った。

「そのときはまだ半信半疑だったんですが……」

翌朝、金魚が二匹とも見つかった。

一匹目は電子レンジのなかでカラカラに乾いた状態、もう一匹はハイヒールの奥で、《鍋に入れる前の肉団子》のようになって発見された。

「まるで、金魚を入れたまま履いて、爪先で潰したみたいに……けど、その靴って前の晩も履いていたものなんです。有り得ないですよね……」

翌週、磯村さんは引っ越した。


のちに、あのときの詳細を叔母に訊ねたが「一匹じゃ、すぐに《追いつかれる》と思っただけだよ」としか教えてくれなかったそうだ。

視線

ある冬の夜。洋子さんはベッドへ腹這いになって怪談本を読んでいた。

「同じゼミの女の子から借りたんです。たまたま私も観たホラー映画の話題で盛りあがっていたら、〝これ、オススメだよ。ひと晩で読み終えるとヤバいんだって〟とか言いながら、貸してくれたんですよ」

おどろおどろしい表紙とは裏腹に、中身そのものはあまり怖気を感じなかった、と彼女はその夜を振り返る。

「私、あまり文章で怖がるタイプじゃないみたいで……。視覚に訴えかけられると、単なる暗闇が広がっているだけでも鳥肌が立っちゃうんですけどね」

まあ、こんなもんかな。

最後のページを読み終え、やや物足りない気分のまま本を閉じた。

その瞬間だった。

「インターホンが鳴ったんです」

まるで古い知りあいが訪ねてきたかのように、ゆっくりとした音色であったという。

時計を見れば午前一時をとうに過ぎている。こんな夜更けに訪ねてくるような知りあいに、心あたりはなかった。

おそるおそる廊下に踏みだして玄関へ忍び寄る。

警棒代わりの丸めたファッション雑誌を手に、ドアスコープへと首を伸ばした。

誰もいない。

ドアスコープの先には、普段どおりのがらんとした廊下が青白い蛍光灯に照らされている。ファション雑誌を握りなおしてからドアを開けたが、人影はどこにも見あたらなかった。

あ。もしかして怪談本の子じゃないの。

十数時間前に別れたばかりの同級生の顔が、脳裏に浮かんだ。

もしや、このチャイムは彼女の仕業ではないか。自分を驚かせようと怪談本を読み終えた頃合いを見計らってアパートを訪ね、インターホンを押して早足で退散したのではないか。

「住所は同輩に聞けば容易に判りますし、起きているかどうかだって、窓の灯りで確かめることができるでしょ。絶対にあの子だと思ったら、拍子抜けしたと同時に腹が立ってきて」

まったく、悪戯にしたって酷すぎるんじゃない。明日会ったら、文句言ってやらなきゃ。

憤りながら部屋へと戻り、ベッドに身を投げ出す。

と、ふいに妙な違和感をおぼえて洋子さんは顔をあげた。

なにかが違う。目の前の景色が、どこかおかしい。

目を凝らして部屋のなかを見まわす。

テレビ、壁の時計、部屋の隅に吊るされた下着類、茶色いクッション、アンティークのスタンドライト、カラーボックスの上のヌイグルミ。

「あッ」

ヌイグルミだった。

綺麗に並んでいるヌイグルミが、すべてこちらに背を向けていた。

動かした憶えなどなかった。

ヌイグルミの群れは、全員がひとつの方向を向いている。その視線の先になにがあるのか理解した瞬間、洋子さんの口から絞りだすような悲鳴があがった。

「玄関。さっき見たばかりの、インターホンがあるあたりを向いていたんです。まるで……誰かが〝まだいるよ〟と知らせているみたいに」

その日は、朝まで大音量でミュージックビデオを流して乗り切ったという。

「その日以来、帰宅すると微妙にヌイグルミが動いてるんです。最初は発見するたび直していたんですが、最近はもう疲れてしまって……」

ここ一週間ほど、ヌイグルミは彼女のベッドをじっと見つめているという。

「もし、ヌイグルミの視線の先に〝なにか〟がいるのだとしたら、いまは……」

洋子さんはそこで言葉を止めると、大きく身震いをした。

いつ引っ越そうか、悩んでいる最中だそうだ。

同日

神谷さんという六十代の女性からうかがった、四十年ほど前の話である。

本人の意向を尊重し（間違いがあっては困る、との理由だそうだ）、固有名詞などを除いたかたちで、会話を忠実に記したいと思う。

戦前、我が家はこのあたりの地主でしてね。戦後もかつての勢いこそ失ってはいましたが、土地だけはそこそこあったんです。まあ、都市部からは外れた場所にありましたから、税金ばかりかかる、なんて父はずいぶんぼやいていました。

事態が好転したのは、私が二十代のころでした。近くの工業都市が発展していたので、ウチの土地を買いたいと申し出てきたんです。共同墓地を運営している会社が、余所から移り住む人が多くなっていて。それで、このあたりにお墓を欲しがる人も増えたんだそうです。

こちらとしては有り難いばかりでしたから、すぐに売ろうと決めました。

ところが、親族のひとりが猛烈に反対したんですよ。正確には、「その土地の一角に、手をつけちゃいけない」と言うんです。

その親戚によるとね……そこには昔、祠があったんですって。なんでも狐に食い殺された女……あ、憑かれて死んだんだったかな……とにかく狐が原因で死んだという女性を祀っていたみたいで。

戦中のどさくさで祠そのものはなくなっちゃったらしいんですが、その場所にはいまでも女がいる、だから他のなきがらを埋めてはいけないと……まあ、そんな理屈だったようです。

当然ながら、意見は却下されました。それまで散々寝かせていた金食い虫の土地が処分できるんですから。そんな嘘か本当か解らない話で止めるわけにはいかなかったんでしょう。

土地はすべて売却され、やがて造成がはじまりました。

まあ、結局工事は終わらなかったんですけどね。

死んだんです。

現場監督、不動産の業者さん、墓地の管理会社の部長さん、そして……ウチの両親。立て続けに亡くなったんです。

いえいえ、変死ではなくて自然死ですよ。父親は心不全、母親は脳卒中。部長さんは交通事故だから変死といえば変死ですけど、不動産屋さんは心筋梗塞かなにかだったはずです。

でもね、皆は偶然だとは思いませんでした。だって、有り得ますか。

全員、同じ日に死んだんですよ。

で、その後もすったもんだがあったようでね。墓地は《その一角》を残す形で、なんとか建てたそうです。その一角も更地になりましたが、ためしに植えた野菜も育たなかったとか。まるで髪の毛のようなひょろひょろの葉しかできなかったと、父からは聞きました。

結局、父は死ぬまであの土地に足を踏み入れようとしませんでしたね。晩年は、しきりに「あそこには手をつけるなよ」と言っていました。

父の言葉、守っておけば良かったですねえ。


その後、五十代になった神谷さんは「四半世紀も経ったんですからもう大丈夫ですよ」と不動産業者に勧められ、くだんの更地にアパートを建てた。

しかし、入居者が半年と持たず相次いで引っ越してしまうため「やっぱり、なにかあるのだろう」と思い、知人を介して私に前述の怪異譚を伝えたのだという。

興味をおぼえた私は、かつて入居していた人々や不動産業者に連絡を取り、各々の部屋でなにか奇妙な現象が起こっていなかったかを訊ねた。その結果得られたのが、宮園さんと洋子さん、そして三門さん磯村さん辻野さんの話だった。

つまり――一連の話はすべて、同じ建物での出来事なのだ。


アパートはいまもある。

住人がほとんど居ないにもかかわらず、ときおり近所から騒音の苦情が入るという。

軋怪

「朝起きたら、お父さんが突然〝これ、あげるよ〟って……五千円札を、ポンと」

Sさんは身構えた。二十年あまりの人生のなかで、父親が理由もなく小遣いをくれたりプレゼントを買ってきた際には、ろくなことが起きなかったからだ。

「たいてい、そのあとは無茶なお願いが待ってるんです。得意先の跡取り息子とお見合いしてくれだとか、これから隣県までマイカーで送ってくれだとか。そんなのばっかり」

案の定、父親は五千円を手にした娘に向かって「それで……」と、言葉を続けた。

「実はな……本家のオバさんの葬式、オレの代わりに参列してきてくれないか」

本家のオバさんとは、Sさん一家の遠縁にあたる女性だった。高齢ながらも矍鑠《かくしゃく》とした人物であったが、一週間ほど前に体調を崩し亡くなっていた。

普通に考えるならば、一家の長が葬儀に参列してしかるべきである。しかし父親はなぜかそれを躊躇《ためら》い、娘のSさんに代役を頼んだのであった。

「理由を訊いても〝お葬式とその後の火葬場に顔を出してくれるだけで良いから〟って。まあ、いつものお願いに比べたらマシかなと引き受けたんですが……間違いでしたね」

葬祭場に到着して数分後、彼女は父親がなぜ代理出席を懇願したのかを知る。

「会場の前方がガヤガヤしてるんです。そのうち、〝ビター文渡さないからねッ〟とか〝この遺産泥棒ッ〟とか叫び声が聞こえてきて……」

参列席からそっと首を伸ばして確かめると、着物の中年女性と喪服の男性が互いに怒鳴りあっていた。あまりの剣幕に近づけないのか、周囲の親族も遠巻きに見守るばかりで止める者はいない。司会者が大声で開式を告げて、ようやく悶着はおさまった。

なんなの、いったい。

目を丸くしているSさんを見て、隣に座っていた女性が「息子さんと娘さんなのよ」とニヤニヤしながらそっと告げた。

「相続争い。急に亡くなったもんだから、遺言も何もなかったみたいでね。土地だとか遺産だとか、どっちが貰うかで死んだ日からずっと揉めてるのよ」

愉快そうに女性が囁くなか、再び前方の親族席が騒がしくなった。故人の幼馴染みだという女性が親族席をちらちら窺いながら弔辞を読んでいる。別れの言葉を終えたと同時に、男性の「絶対に譲らんぞッ」という罵声が会場に響いた。

「ドラマなんかではありがちな光景ですけど、実際目にすると唖然としますよね。人間ってお金でこんなに見境がなくなるんだな、ここまで醜くなるんだな……って、衝撃でした」

異変が起きたのは、読経の直後だった。

「……なんの音かしら」

隣の女性が小声でSさんの袖を引いた。その言葉に、思わず耳を澄ます。

ぎっ、ぎっ、ぎっぎっぎっぎっ。

会場いっぱいに、奇妙な音がこだましている。

ボート乗り場で聞いた、船を留めるロープの軋みのような音だった。

「はじめは〝またあの親族が揉めているんだろう〟とウンザリしていたんですが」

案内係に促され、祭壇前に据えられた焼香台まで歩きはじめた途端、「おや」と思った。

音の位置がおかしい。

Sさんが歩いているのは、参列席の真ん中を割って祭壇まで延びた通路である。

親族の席は向かって左側。音の正体が揉めていた男女であるなら、左から聞こえなければ理屈に合わない。

「でも……音は私の真正面、祭壇のあたりから聞こえていたんです」

スピーカーが故障しているとか、空調がおかしいとか……あ、誰かの貧乏ゆすりかも。

思いつくままに理由を考えてみたものの、直感が「どれも違う」と告げていた。

なんなの、これ。いったいなにが起きてるの。

無意識に身体が前進を拒み、祭壇へと向かう歩みが遅くなる。そのうち、音に気づいた他の参列者がざわつきはじめた。

ひそひそ声、読経、線香と献花のにおい。薄暗い照明と、闇に溶けた喪服の群れ――雰囲気に怯んだSさんは、焼香台の手前で引き返してしまった。

「笑われるかもしれませんが、本当に生まれてはじめて体感する空気だったんです。怨み、憎しみ……違うな。怒りとか、憤りとか、そんな感じの激しい感情が渦巻いていました」

謎の軋みは、喪主挨拶の段になってようやくおさまったという。

「そんな馬鹿馬鹿しいことがあるかッ」

葬儀が終わって火葬場行きのバスを待っていたSさんの耳に、怒声が届いた。

見れば、恰幅の良い男性が葬儀場で彼女の隣に座っていた女性に詰め寄っている。

「揉めていた故人の息子さんでした。どうもあの女の人が音の件について〝お母さん、怒ってるんじゃないの〟と言ったみたいなんです。それで息子さんキレちゃったようで」

火葬場へ向かう道中、男性はひとりでわめき続けた。

「どいつもコイツも変なことばかり言いやがって。どうせオレから金をまきあげるつもりなんだろうッ。そうはさせんぞ、オフクロだってオレの味方をするに決まってるッ」

と、葬儀場で男性と揉めていた女性が振りかえるや金切り声でまくしたてた。

「アンタみたいな守銭奴、お母さんが味方するわけないわよッ。葬儀場で聞こえた変な音も、お母さんがアンタに怒ってる証拠に決まってるじゃないッ」

「なんだとこの野郎ッ、怒られてるのはテメエだろうがこのクソ×××ッ」

掴み合いになったふたりを周囲が引き離したとほぼ同時に、バスが火葬場へ着いた。

「もう心底ウンザリしちゃって。親戚連中は待合室でお酒を飲んでましたが、私はそれに混ざるのも嫌で、時間つぶしに近所をブラブラしていたんです」

一時間ほど周辺をうろついて火葬場へ戻ってみると、窯の前に親戚が集まっていた。

あ、マズい。もう骨上げがはじまっちゃったのかな。

思わず小走りになった足が、皆が輪になっている数歩前で止まった。

雰囲気がおかしい。

みな、一様に沈黙している。遺骨を乗せた台を囲んで、じっと押し黙っている。

どうしたの、なにがあったの。

ゆっくりと輪に近づき、背後から爪先を伸ばして覗きこむ。

「い」

ステンレス製の台に乗せられている、焼きあがったばかりの遺骨。

その頭蓋骨の歯が、すべて抜けていた。顎骨には歯が一本もなかった。

「はじめは〝入れ歯かな〟と思ったんですけれど、違うんです。頭蓋骨の周囲に砕けた歯がぼろぼろ散らばっているんです。まるで……思いっきり噛みしめたみたいに」

親戚のひとりが「さっきのは、歯軋りか」と漏らす。その隣にいた老人が「子供たちが目の前であれだけ揉めてたら、そりゃ怒るわいな」と言葉を繋いだ。

揉めていた男女は、歯のない母の骨を前にして恥ずかしそうに縮こまっていたという。


Sさんは、帰宅してから父親に一連の出来事を話した。

すべてを聞き終えた父親は深々と頷いて「本家のオバさん、生前から子供たちの不仲を嘆いていたからなあ。死んでも死にきれなかったんだろう。そんな恐ろしい現場を見ずにすんで、本当にラッキーだったよ」と、笑った。

「そりゃ、お小遣いは貰いましたけど……なんだか納得いかないんですよね。娘の私が見ちゃったのは問題ないのかよって」

追加料金を請求すれば良かったです。

頬を膨らませながら、Ｓさんは不満そうに息を吐いた。

屍臭

市役所の福祉課に在籍しているPさんという男性が、数年前に体験した出来事である。

「その日は、午後から独居老人のお宅を何件か訪問する予定でした。ヨソの市では業者に委託しているところもあるみたいですが、ウチは職員みずからが巡回するんです」

昼休み終了を告げるチャイムと同時に、Pさんは公用車に乗りこんだ。助手席には同僚女性——彼とともに高齢者の訪問を担当している職員——が座っていた。

「今だから告白しますが……私、彼女にちょっと気があったんです。若いし、可愛いし、訪問中の車内で仲良くなれたら嬉しいな、なんて考えてました」

しかし、Pさんの思惑は外れてしまう。

エンジンをかけた瞬間、彼女が大量に鼻血を出したのである。

「それも両方の鼻穴から、それはもう滝みたいにドバババババッと。慌ててティッシュを詰めましたが、いっこうに止まらなくて」

おかげで、出発は三十分ほど遅れてしまった。

「最悪の日だとウンザリしました。ま、その後に起こる《事件》を考えたら、鼻血なんてまだマシだったんですけどね」

《事件》は、三軒目のアパートへ到着した直後に起こった。

「車を降りたら、ほかの住人が表に集まっているんです」

原因はすぐに判明する。五十メートルほど離れた駐車場まで、悪臭が漂っていたからだ。真夏の生ゴミ、古い公衆トイレ、ストーブの上で焦がした髪の毛……それらをごった煮にしたような臭気が、あたり一帯を包んでいた。

「住人に聞いたら、我々が向かおうとしていた部屋からにおっていると言われて……」

おそるおそる階段をのぼり、ドアの前に立つ。キッチンに面した窓がぱちぱちと火花のような音を鳴らしていた。それが蠅《はえ》がガラスへぶつかる音だと気がついた瞬間、Pさんは室内でなにが起きているかを察した。

ハンカチでドアノブをくるみ、そっと捻る。ドアがわずかに開いた瞬間、刺激臭が彼の鼻を殴りつけた。

「ああいうのって本能で解るんですね。一瞬で〝屍臭だ〟と理解しました」

顔面に激突する蠅に辟易しながら部屋のなかを覗くと、スルメとよく似た色の〈かたまり〉が、奥の和室に横たわっていた。

　かたまりに萎びた眼球がついているのをみとめた直後、Pさんはその場に嘔吐した。

「八十歳のお爺さんだったんですが、私たちが訪問する一週間ほど前に病死したみたいで。暑い季節だった所為か……あの、なんというか、いい感じに《発酵》していたようです」

　同僚の女性に半ば引きずられながら公用車へ戻る。胃が空っぽになるまでえづいたが、屍臭はしばらく鼻から離れなかった。

「警察の現場検証にも立ち合わされて……本当に最悪でした」


「それにしてもヒドいにおいだったね。大丈夫だったかい」

　市役所へ帰りしな、ようやく生気を取り戻したPさんは笑顔で同僚女性に話しかけた。

ところが、せいいっぱい強がっている彼を眺め、彼女はきょとんとしている。

「におい……ですか。私はなにも感じませんでしたけど。まあ、ちょっぴりクサいかな、とは思いましたが」

　唖然とした。

　あの臭気を嗅がなかったなんて有り得ない。呆然と同僚を眺めていた彼は、あることに気がついて声をあげた。

　鼻血。

　そうか。鼻腔《びこう》が固まった血で詰まっていたから、においが解らなかったんだ。

「そうかそうか。たまたまとはいえ幸運だったね。まあ、この仕事にはこういう出来事がつきものだから、今後はキミも覚悟して。なにかあったら僕に相談して……」

　彼女はあいかわらず惚けた視線で、ナンパじみた熱弁をふるうPさんを眺めていたが、発言の意味が解るや「あ、たまたまじゃないです。鼻血」と手を振って否定した。

「ウチの実家、四国のお寺なんですよ。だから私の身体、〝そういうモノ〟には触れないようにできているんです。だから、たぶん今後も大丈夫だと思いますよ」

　笑いながら彼女がシャツの袖をめくり、こちらへ腕を向けた。

　手首には、アクセサリにしては重厚な造りの数珠が巻かれている。

　彼が息を呑んだ瞬間、数珠の糸がほどけて、珠が車内にちらばった。

「ね」と彼女が笑う。

「無言で頷くしか、ありませんでした」

「その言葉を裏づけるように、それから六回も孤独死の現場に鉢あわせちゃって。反対にあの同僚の女の子は、いっぺんも不慮の死に遭遇しませんでした。まあ、早々に結婚して退職しちゃったんで、いまは真偽の確かめようがないんですけどね」

どうせ辞めるなら、あの能力だけ引き継ぎしてほしかったなあ。

そう漏らして、Ｐさんは深々とため息を吐いた。

仮名

「これって、他の怪談書いてる人にも起こっているんじゃないかと思うんですよ」

そんな台詞とともに、同業の怪談作家であるSさんより拝聴した話である。ちなみに、彼自身の体験ではあるものの、「自分の作風ではないから書きたくない」との理由により、私のストックしていた怪異譚と交換した旨も、念のために記しておく次第である。

はじめに気がついたのは、一年ほど前。

その頃、Sさんは書き下ろしの怪談本が発売されたばかりであった。それなりに満足のいく話が収集できた所為か、自分でもなかなかの自信作であったという。

「スタンダードな幽霊譚から不条理系、都市伝説っぽい話までそれぞれ毛色の異なる話が集まったんです。これはなかなか面白いぞと自画自賛しながら、発売したての自分の本をパラパラ捲っていたんですよ」

と、読み進めるうちに彼の顔が曇っていく。

間違い、いわゆる誤植を見つけたのだ。

「僕は登場人物の名前をイニシャルの仮名にするんですね。B君とかN子さんとか。そのアルファベットが……途中で入れ替わっていたんです」

問題の話に登場するのは、Cさんという女性である。

詳細は控えるが、嫁ぎ先で奇妙な出来事に遭遇し、最後はその原因らしき幽霊を目にしてしまう。そんな話であったそうだ。

そのCさんが物語の中盤で、突然Jさんに変わってしまったのである。

変換間違いの誤字やチェックミスによる脱字もあってはならないが、イニシャルが変わったとあっては誤脱以上の大問題である。書き手自身は同一人物だと解っていても、読者はそうはいかない。Jさんが新しい登場人物なのか、それともイニシャルの表記ミスなのか解らずに混乱するからだ。

前後の文脈から判断して理解にこぎつけても、その時点で先ほどまでの興奮はすっかり冷めている。もはや物語に没頭できる精神状態ではないから、内容がどれだけ良かったとしても、読後の満足度は低くなってしまうのである。

「恥ずかしながら俺自身もその手の間違いは何度かあるよ。かなり丁寧に確かめたはずなのに、ああいった誤植は本になってから初めて気がつくんだよなあ。参っちゃうよ」

確認ミスによる自己嫌悪の話だと合点し、慰めるつもりでそんな言葉をかけた私に向かって、Sさんが首を横に振った。

「違うんですよ、そういう反省とか自戒とかいった話じゃあないんです」

有り得ないんですよ。

聞けば、彼は登場人物をイニシャルにする際、名前の頭文字をちゃんと踏襲するのだという。例えば安達さんであればAさん、悦子さんならE子さんといったように、かならず現実の名前と揃えるのだそうだ。

「性格なんですかね、ちゃんとシンクロしていないと気持ち悪くて書けないんです」

私などは横着で思いつくままに名づけるから間違ってもおかしくないのだが、Sさんの性分ではそのような事態は考え難い。また、キーボードの配列から考えても打ち間違えるような位置でもない。

「まあ有り得ないとはいえ人間のやる事ですからね、確率的には低くても、ゼロではない。そこで、念のため編集さんに送った原稿を確認したんです……そしたら」

本の中で「Jさん」と書かれている箇所は、きちんと「Cさん」と表記されていた。

担当編集め――勝手に直して、そのうえ間違えやがったのか。

憤った彼は、すぐさま誤植があった旨を担当の編集者にメールで伝える。自分の不手際ならともかく、勝手に修正されたのでは堪らない。今後はこのような事がないようにしてほしい。そんな、やや怒りをこめた文章をしたため送信したのだという。

返信はすぐに届いた。

「ところがね、その内容がおかしいんですよ」

担当編集者からのメールには《すぐに確認してみたが、印刷所へ送る直前の最終稿でもイニシャルはCさんのままだった。無論自分はいじっていないし、そもそも作者に黙って直すなど有り得ない。印刷所に確認するので、もうすこし待ってほしい》と書かれていた。

編集者とSさんは旧知の間柄である。ミスを誤魔化して嘘をつくような人物でないのはよく知っていた。

じゃあ、いったいどの時点でイニシャルが変わったんだ。

にわかに、ぞっとした。

人為的な原因だと思いたいが、書いている内容が内容だけに気味が悪い。

居ても立ってもいられなくなったSさんは、ひとまず話の提供者であるCさんへ連絡をとってみようと思い立つ。

「あ、別に彼女が何かやったと思ったわけじゃないですよ。不穏なものを感じたもので、万が一何かあったらと……で、刊行のお礼を伝えがてら安否確認の電話をしたんです」

電話に出た彼女の声に異常は感じられなかった。むしろ、体験談を取材した時よりも朗らかで弾んでいるようにさえ聞こえる。

杞憂だったか。ならば、名前の誤表記も何らかの偶然が重なっただけなのだろう。

内心で安堵しつつ会話を進めていたSさんだったが、今度は別な問題が生じてきた。

話が続かないのだ。

Cさんとは共通の友人を介して知り合った間柄で、面識も体験談を拝聴する際にお会いした、その一度きりである。共有できる話題も乏しいから、おのずと会話は行き詰まる。とはいえ、こちらで連絡しておきながら「無事が解ったので結構です、さようなら」と、勝手に電話を切るわけにもいかない。

思い悩んだあげく、彼はとっさに家族の近況を訊ねたのだそうだ。

「そういえば、旦那さんはお元気ですか。スポーツマンだと仰ってましたが、最近は何か新しいスポーツを始めたりしていないんですか」

当たり障りのない話題を選んだつもりだった。

ところが、そんな予想に反してCさんは「あの、ええと」としばらく言い淀んでから、若干の沈黙したのちに、ぽつりと漏らした。

「隠してもアレなのでご報告しますけど……離婚したんです。ですから私、苗字が旧姓に戻ったんですよ」

千葉から、城之内に戻ったんです。


詳しく話を聞くうちに、Cさんが離婚して旧姓に戻ったのは、ちょうどSさんの原稿が最終校正を終えた翌日だと判明した。

「まあ、イニシャルも日にちも、偶然の一致と言ってしまえばそれまでですけれどね。ただ、やはり僕らは書いているモノがモノじゃないですか。だから……何だか見過ごせなくて」

話を聞き終えて呆然としている私に、Sさんが続けて言葉をかけた。

「万が一、過去に発表した作品で今回の僕のケースと同じ誤植があったら、確かめてみてください。もしかしたら」

その人、どうにかなっているかもしれませんよ。

Sさんはそう呟くと、眉間に皺《しわ》をよせて大きなため息をついた。

確率

「これ、世紀の大発明だと思うんですよ」

それは、とある怪談系イベントの打ち上げでの出来事だった。

ビールジョッキを手に、出演者やスタッフと談笑していた私のもとへ、冒頭の科白とともに一人の男性が近づいてきたのである。

青白い顔をした痩せぎすの男性は、Ｄと名乗った。曖昧な笑みを浮かべているその顔は先ほどのイベントでちらりと見たような憶えがある。聞けば、やはり会場の前列で我々のトークを聞いていたのだという。

来場の礼を述べつつも、私はやや困っていた。

確かに観客はありがたいし、怪談実話のファンが増える事そのものは喜ばしい。しかし、打ち上げというのは関係者が労をねぎらい、本番の緊張から解放されるための場所である。観客との交流を前提とした打ち上げでないかぎりは、安易に参加させるわけにもいかない。加えて、その事が他の観客に知れた場合にはあらぬ誤解が生じないないともかぎらない。なるべく公平性を保たなければいけないのだ。

とはいえ、打ち上げ会場はごく一般的な居酒屋である。「たまたま入って来たら出演者が居ただけだ」と言われれば反論のしようもない。

下手に騒ぐよりは、少し話を聞いてからお帰りいただいたほうが無難かな。そう考えた私は、D氏を出演者たちの輪から離れたテーブルに招いて話の続きを聞く事にした。

「大発明なんです。凄いと思いますよ」

相変わらず同じ科白を繰り返しながら、彼は膨らんだリュックサックへ手を突っこんで何かを探している。やや長めの髪が顔にかかっているため表情はうかがえない。サイズが合っていないのか、洒落《しゃれ》っ気のない眼鏡がずり落ちそうになっているのが印象的だった。

「ああ、あった」

一分ほども待っただろうか。額にうっすら汗を浮かべながら、D氏は折り畳んだ一枚のA４用紙と、乱暴に結わえられた白いビニール袋を取り出した。ビニール袋の表面には、よく知られたコンビニのロゴが見える。D氏は笑みを浮かべてから、状況がのみこめずに沈黙している私の目の前へと紙切れを広げた。

ボールペンで縦横にマスが引かれている。

マスの中には「目のない幽霊が」「古い団地で」「柱時計の」などと、意味不明の単語が書き連ねてあった。

「……これが、はつめい、ですか」

混乱したまま、私は間抜けな台詞を漏らす。

「ええ、そうなんです。これはね、私が発明した〝怪談製造シート〟なんです」

弾む口調で告げると、D氏はビニール袋の結び目をほどいて袋の中へ手を突っこんだ。出てきたのは、サイコロが三個。よほど使い古されたものなのか、それとも安物なのか、やや黄ばんだサイコロはいずれも角がすり減って丸みを帯びている。

「こういう事です」

彼が慣れた手つきでサイコロを振る。テーブルのビールジョッキや醤油《しょうゆ》さしにぶつかり、軽い音を立てながら、数秒ほどでサイコロは動きを止めた。

出た目は、一、四、六。

「一は縦の列だからここか。横は四で、次が六と。で、全部足すと十一ですから、最後はこれだな……よし、良いですねえ」

何度も頷いてから、D氏は紙ナプキンを一枚ひろげ、その上にボールペンで文字を書き殴りはじめた。隣のテーブルで誰かのお喋りに歓声があがる。早くあの輪に戻りたいなとひそかに思いつつ、私は彼の動作を見つめ続けた。

やがて、紙ナプキンが私の前へ差し出された。歪んだ文字を声に出して読みあげる。

《明け方近く　廃トンネルで　首の半分切れた女が　飼い犬を食い殺した》

読み終えた私へ、D氏が「ね」と笑った。

「つまりこれは、自動で怪談話を作ってくれるわけですね。サイコロの目に書かれている単語を並べると、怖い話がオートマチックで完成するという仕組みなんですよ」

説明に耳を傾けながら、彼の持参したA４用紙を改めて眺める。

「三年前」「午前二時」「昭和の初め」「仏間で」「旧校舎の三階で」「墓地で」「赤ん坊が」「死んだ祖母が」「夢に出て《コロス》と言った」「写真に写っていた」「隣に立っていた」

そこでようやく私は理解した。この紙には、「いつ」「どこで」「誰が」「どうした」が、各列に書かれているのだ。それを組み合わせる事で、怪談の概要が出来る仕掛けなのだ。

なるほど、確かにこれなら他者に聞き取りをせずとも、怖い話の概要を生成できる。ランダムに選択されるわけだから、自身も予想し得ない奇妙な物語に仕上がるだろう。

しかし。

「面白い試みだとは思いますが……実際には使えないでしょうね」

なるべく彼を刺激しないよう、私は努めて穏やかな口調でそう告げた。

怪談実話は「体験談」、すなわち本当にあった（と、少なくとも話者自身が思っている）

出来事が下地になっている事が前提である。名前や地名の詳細をぼかすなどの「配慮」や、追加取材で得た情報を盛りこむなどの「演出」ならともかく、一から十まで創作するのはさすがに反則だ。「何でもあり」では、ルールが崩れてしまう。

加えて怪談実話は微細な箇所、一見すると本筋とは無関係に思える部分にこそ、物語の「キモ」がある場合も少なくない。それらを省いて粗筋だけ考えたところで、結局細かな描写は書き手の想像で補う羽目になる。それでは生々しさからは程遠い、凡庸な怪談話になるのが関の山だろう。

と——そのような持論を伝えたものの、当のD氏は納得がいかないと見えて「はあ」だの「ふう」だのと、呼吸とも相槌ともつかぬ返事を繰り返すばかりで要領を得ない。見れば、挨拶を交わした時よりも鋭いまなざしでこちらを睨んでいる。

「で、でもまあ何というか……実験としては興味深いですね。自動筆記みたいな感じで。最初にそういうものですと知らせておけば、ノッてくる人はいるかもしれませんよ」

射竦《いすく》めるような視線に気圧され、私は必死に前言を取り繕った。D氏が目つきをほんのすこしだけ和らげて、「本当ですか」と漏らした。

「ええ、本当ですとも。私も小説で困った時には、このシートを作ってみようかなあ」

我ながら歯の浮くようなお世辞を口にして、テーブルに転がったサイコロを拾う。目の前で二、三度遊んで喜べば、この話題からはオサラバできる。そんな目論見だった。

放られたサイコロが乾いた音を響かせてテーブルの上で踊る。動きを止めるや、D氏が出た目とA4用紙を交互に見比べて再び紙ナプキンにペンを走らせた。

《午前二時　四つ辻で　首の半分切れた女が　げらげら笑っていた》

なかなか纏まりのある文章だった。

驚愕した旨を素直に伝え、私は再びサイコロを振る。

《夏の昼下がり　仏間で　首の半分切れた女が　ベランダに立っていた》

二度目はやや破綻した筋立てになってしまった。「仏間」と「ベランダ」では位置関係がおかしい。

やはり実用性には乏しいな。

内心でそんな事を考えつつ、私はサイコロへ手を伸ばした。

この時点で止めても良かったのだが、もう一度おかしな文章が出ればD氏も納得してくれるだろうと踏んだのである。

ふと見れば、共演者たちはいっそう盛りあがっている。爆発音のような笑い声をあげる仲間を横目で羨みながら、軽く握った手の中でサイコロを揺らしてテーブルへ投げた。

《夕暮れの　音楽室で　首の半分切れた女が　無言のまま走っていた》

「え」

その瞬間、はじめて違和感に気がついた。

サイコロは先ほどからまるで異なる目を出し続けている。なのに、どうして「首の半分切れた女」だけが、かならず選ばれるのか。他にも「誰が」にあたる項目は十数個ばかり書き連ねてある。なのに、どうして。

サイコロをひったくり、「偶然だよ」と小声で呟きながら無言で放る。しかし、四度目も五度目も六度目も、七度目までも「首の半分切れた女」だけは消えなかった。

「なんだこれ」

惚けた科白が、思わず口をついて出る。先ほどまですぐ傍で聞こえていたはずの喧噪が、布団にくるまって耳をそばだてているように遠く感じた。ぼんやり視線を泳がせてみる。和風の電灯も壁に貼られた筆書きのメニューも、何だか現実感が失せて見えた。

「どうですか。これ、どうですか。何度やってもね、この女ばかり出るんです。どうしてなんですか。僕はこんな女知らないのに、最近じゃあ顔まで明瞭《はっき》り解っちゃうんですよ。そのうち目の前に出てきますよ、だからこれは発明なんです大発明なんです」

こちらに顔を近づけてD氏が笑う。薬品のような口臭が鼻に届いた。口の端にあぶくが溜まっている。クルミのぶつかるような音を耳にして顔をあげると、D氏の歯が小刻みに震えているのだと気がついた。

「どうですか、どうですどうですす女ですすか首ですか女ですか。見えますか私は見えます」

呂律の回らぬ口ぶりで質問する彼を突き飛ばすように押しのけると、私は幹事役のスタッフに一万円札を渡して居酒屋を飛び出した。

停車していたタクシーの窓を割らんばかりの勢いで叩き、ドアが開くなり車内に滑りこむ。驚く運転手に自宅の住所を告げると、私は身を隠すように顔を伏せて自宅までの道をやり過ごした。

そうでもしなければD氏が追ってくるような気がしたのだ。見た事もない、そもそも存在しないはずの「首の半分切れた女」を目撃してしまうような気がしたのだ。

幸い彼とはそれきりで、「架空の女」も現在にいたるまで出現してはいない。

けれども、私は今でもすこし怖い。

原稿に行き詰まったり、寝つけぬまま天井を眺めているふとした瞬間に、あの「怪談製造シート」を作ってみたい衝動に駆られるのだ。

もし作ってしまったら、そしてサイコロを振ったら。

あの「首の半分切れた女」は、やっぱり選ばれるのだろうか。そして、いつの日か私の前に出現するのだろうか。
この原稿を書き終えたあとでサイコロを買いに行くべきか。
悩みつつ、私はパソコンの前に座っているのである。

忠告

Sさんという男性が、都内のビジネスホテルに宿泊した時の話。

部屋に入ってスーツを脱いでいると、壁にかけられた小ぶりの絵画が目に入った。

絵は、花畑にたたずむ女の子が描かれたパステルタッチのものだったが、どうにも部屋の雰囲気に似つかわしくない。ふいに彼は、いわくつきの部屋には絵画の裏側やベッドの下に御札が貼られているという、雑誌の与太記事を思い出したのだという。

もしかして、コレがそうなんじゃないの。

その手の怪談話をまったく信じていなかったのだろう。Sさんは絵画に近づくと、ふざけ半分で裏返したのである。

あった。

額の裏には、やや古びた御札《おふだ》が、セロハンテープで厳重に貼りつけられていた。

予期せぬ展開に息を呑んだSさんだったが、すぐに思い直し、不安を打ち消しにかかった。

仮にこの部屋でなにかしら得体の知れない現象が起こったのだとしても、こうして御札で鎮められているのなら怖がる必要などないではないか。

そうだよ、大丈夫だよ。バカバカしい。

自分に言い聞かせつつ、笑顔を引き攣らせて御札を眺めていたSさんだったが、あるものに気づいた瞬間、「あっ」と叫んで絵画を床へ落としてしまう。

御札の隅に、鉛筆書きとおぼしき擦れぎみの文字が一行、ちいさく残されていた。

「き　か　な　い　で　す　よ」

慌てて電話をすると、フロントは何も聞かずにあっさり部屋を替えてくれたそうだ。

申告

「関係があるのかどうかは解らないんです。でも……思い出すと、ぞっとしますね」


Jさんという女性の話。

ある日、仕事帰りに駅ビルの地下で総菜を買っていた彼女の肩をふいに誰かが摑んだ。驚いて顔をあげると、喪服を着た長身の女がこちらを睨んでいる。

「ぶらんど」

落ち窪んだ目でJさんを見つめながら、女は「ぶらんどだよ」と、舌足らずな調子で再び告げるや、そのまま雑踏に消えていった。

「あ、都会ってやっぱりアブナい人が多いんだな、なんてそのときは脅えていたんですけど」

その日の晩。

テレビをぼんやりと眺めていた彼女の脳裏に、あの女が発した科白がふいに浮かんできた。どんな気紛れであったのか、Jさんは女の舌足らずな口調を真似てみたのだという。

ぶらんど。べらんど。べらんだ。

「えっ」

思わず立ちあがって、ここしばらく開けていなかったベランダの窓へとまっすぐに向かう。

解錠した途端、煮こんだ生ゴミのような悪臭が鼻を襲った。顔を掌で塞ぎながらあたりを見渡すと、ベランダの片隅に黒い塊が転がっていた。

「溶けかかった、烏の死骸でした」

まだ艶の残っている羽根が女の喪服にそっくりだった――とはJさんの言葉である。

訃告

主婦のKさんの話。

ある春先の午後。家事を終えた彼女は、ついソファで転寝《うたたね》をしてしまったのだという。

「目が覚めた時には夕方。〝マズい、買い物行かなきゃ〟と慌てていたんですが……」

エコバッグと財布を摑んだ手の甲に、殴り書きの文字がマジックで書かれていた。

何かをメモした記憶など、ない。

首をかしげながら観察すると、文字はどうやら人の名前を記した漢字のように見える。目を凝らして一文字ずつ判読してみたが、心あたりのある名前ではなかった。

寝ぼけたのかな。まあいいや、急がなきゃ。

気を取り直し玄関で靴を履いていたその最中、今度はポケットの携帯電話がけたたましく鳴りはじめた。苛立ちながら通話ボタンを押すと、相手は高校時代の同級生だった。

「ねえ……昨日、クラスメートだった××が亡くなったって……」

同級生の嗚咽に、はっとして手の甲を確かめると、下の名前は確かに死んだ友人のそれと同じである。

でも、苗字違うじゃん。

寒気をおぼえつつ、おそるおそる文字の事を同級生に告げる。しばらく沈黙が流れたのち、受話器の向こうから、ぼそ、と呟く声が聞こえた。

「それ……××の今の苗字だよ。あの子、両親が離婚したじゃない」

亡くなった子とKさんはとりわけ親しかったわけではなかった。それだけに、何故自分のところだけにこんなメッセージを残したのか。

それが、今でも解らないままだという。

警告

「オハチワレとか、そんな名前だった記憶があります。あ、みだりに口にしてはいけないと姉からは釘を刺されていたんですけどね」


そう漏らしたのは、四十代の男性、M氏である。

この日、私は知人より「姉が元恋人を呪い殺した」という逸話を持つ人物として、M氏を紹介されていた。冒頭の科白は呪いについて説明する際、彼が口にしたものである。

「頭をね、攻撃するんだそうです」

こめかみに指をあてながら、芝居がかった口調でM氏が告げた、その瞬間。

彼の額から赤い筋が細く垂れて、瞼《まぶた》の上まで線を描いた。

「えっ、あらっ、えっえっ」

掌で赤い滴《しずく》をぬぐったM氏が、しゃっくりに似た叫び声をあげる。

「……す、すいません。やっぱりこの話、聞かなかった事にしてください」

青い顔で狼狽する彼を眺めながら、私は嬉々として今しがたの出来事をノートパソコンに打ちこんでいる。そう、この原稿こそがそれである。
そんな私の様子を呆れ顔で見つつ、M氏はおしぼりで額の血を拭いている。

予告

都内某所での話とだけ、書き添えておく。


サラリーマンのAさんが、残業を終えて真夜中にアパートへ帰宅したときの事。

湯を張った浴槽へ疲れた身体を沈めていると、かちゃり、と小さく音を立てて、風呂場のドアが数センチばかり開いた。

あれ、ロックが中途半端だったかな。

蒸気で脱衣場の壁紙が傷んでも困る。そう思ったAさんは、湯船から上半身を乗り出して、ノブを摑もうと腕を伸ばしたのだという。

と、なにげなくドアの隙間へ注いだ視線の先に、子供がいた。

つるつるの頭をした、虫のようにちいさな眼をした子供だった。

悲鳴をあげて身を竦めたAさんをドアの隙間から覗きながら、子供は「あしたきます」と静かに呟いてから、けたたましい笑い声をあげて廊下へ走っていった。

すっかり湯が冷めてから、おそるおそる風呂場の外へ出て部屋じゅうを探したが、子供はどこにも見あたらなかった。玄関のキーチェーンも、外れてはいなかったという。

「不思議だったのは、それほど長くない廊下なのに、子供が駈けていく足音が、ずいぶんと長い間、まるで遠くまで走っていくように聞こえたんです」

翌日も来るか来るかと脅えていたが、そんな出来事はその一度きりであったそうだ。

鬼祭

とある島にてうかがった話である。その内容の性質上、詳細な地名や年代は伏す。海沿いの寒村で起こった出来事、とお伝えするにとどめたい。

その島には、とある祭りが伝承されていた。

正式名称はあるものの、本稿でそれを詳らかにするわけにはいかない。そのため、ここでは便宜上《鬼祭》と呼ばせていただく。そう、この祭りの主役は《鬼》なのだ。

鬼祭がはじまると、赤や白に彩られた鬼面の演者が、従者をしたがえて家々を一軒ずつ訪れる。家のなかへと招き入れられた鬼たちは従者の太鼓に合わせて舞い踊り、その家の厄を祓う。やがて踊りを終えた鬼は次の家、そしてそのまた次の家と集落を巡回する……これが、鬼祭のおおよその流れである。

鬼どもが家を巡る――秋田の《なまはげ》に似ているが、その由来は島にその昔伝えられた神楽であるらしい。話者の暮らしていた集落以外にも島ではそれぞれの地区で鬼祭が催されており、獅子舞と格闘するものや笛を用いるものなど、場所によって仔細が微妙に異なっている。話者いわく、「さまざまな民間習俗や芸能が随所に取り入れられた結果なのだろう」との話である。

そんな、ある年のこと。

その年、話者の集落では鬼祭をひかえ、例年以上に気合いが入っていた。数十年ぶりに鬼の面を新調していたためである。どの地区よりも立派な面と衣装を見た人々は、「これでウチの鬼祭が島で一番だな」と喜び、開催を心待ちにしていたそうだ。

やがて、その日が訪れた。

新しい面をかぶった鬼たちはいつも以上にはりきって家々を巡り、太鼓を鳴らして踊り、厄を祓った。その猛々しい面構えに子供らは泣き叫び、それを見た大人たちは手を叩いて喜んだ。喧噪のなか、祭りは無事に終わった。

はずだった。

異変が起きたのは、その翌日。一軒の家の坊が、どうにもおかしくなったのである。

坊は五歳になったばかりで、普段はやかましいくらいに元気な悪童だった。ところが、祭りの翌日から坊はだんまりと口を噤《つぐ》み、なにも喋らなくなってしまった。

具合が悪いのかと家族が訊ねても、坊はひとことも答えない。うつろな目でぼんやりとするばかりで、口をだらしなく開けたまま惚けている。

病院にも連れていったが、おかしなところは見つからなかった。

「どうしたんだかなあ」

「まあ、いずれ元気になるさ」

家族はなすすべもなく見守るしかなかった。

そのうち状況が好転するだろうと、高を括っていた。


状況は、祭りからちょうどひと月が経った朝に予想外の形で一変する。

坊の死体が、裏山で見つかったのだ。

家族は泣き叫んだ。亡くなったという事実もさることながら、その骸のあまりの惨さに涙した。

坊は刃物で身体中を突き刺されていた。

刃が厚かったのか、いたるところの骨が折れていた。

殺されていたのである。

人々は平和な集落にあるまじき陰惨な事件に驚き、やがて坊の死んだ日に不審な人物がいなかったかを血まなこになって探しはじめた。せまい集落のこと、怪しい人間がいればすぐに解ると考えたのだ。ところが間もなく、警察官が身内にいる家族からの報せを受けて、皆は再び驚愕する羽目になった。

坊の遺体は、死後一ヶ月あまりが経過していたのである。

鬼祭の夜に殺され、その日のうちに山へ捨てられた可能性が高いとの話だった。

では、ひと月のあいだ家にいた、あの胡乱な子供は誰だ。

人々が目撃し、家族が接していたのはいったい何者だ。


なにも解らなかった。


そのことと関係があるのかは解らないが、翌年の祭りでは、鬼の面と衣装が古いものに戻っていたという。

坊の事件は現在も謎のままで、当時を知る人々はそのことをあまり語りたがらないそうである。

黒い

「あの、これなんですけど」

そう言うなり、ネイリストのK美さんは自身のスマートフォンを私へ差しだした。

液晶画面に目を落とすと、いかにも高級そうな料理の写真が映っている。ところどころデコレーションされた画像の下には、絵文字だらけのメッセージが記されていた。どうやら、いわゆるSNSに投稿された画像らしい。

「これ、友達経由で繋がってる子なんですけど……どう思いますか」

唐突な質問に、戸惑う。

感想を求められたとしか考えられないが、私は今日、彼女が体験した怪異譚の取材に訪れたはずである。セレブ感あふれるウェブの日記を拝見しにきたわけではない。

こちらが答えに窮していると、K美さんが「普通の料理ですよね」と言葉を続けた。

「え、ええまあ、美味しそうですけど」

「やっぱり」

落胆したような表情でK美さんはスマートフォンを自分のもとへ引き寄せ、まじまじと画面を見つめてから、再び口を開いた。

「これね……私、真っ黒に見えるんです」


話は、取材時から半年ほど前にさかのぼる。

その日、友人とお茶を楽しみつつSNSを眺めていた彼女は、くだんの画像に気づいて目を見張った。

黒い。

投稿された料理が、すべて黒ずんでいる。

傷んだバナナとおなじ色のカルパッチョ。

濃い泥水を思わせるスムージー。

よく見ると、画面の端に写る撮影者の指やテーブルに敷かれたクロスまでもが、煤でも塗られたようにどす黒く染まっていた。

なに、これ。

いまってこういう加工が流行《はや》りなの。

と、驚愕する彼女の様子に気づいた友人が、画面を背後から覗きこんだ。

「あ、ここ知ってる。アタシこの店行ってみたいんだよね、美味しそうじゃん」

「ねえ、本気で言ってる？　なんだか腐ってるっぽいんだけど」

「……なにが？」

友人が首を傾げる。Ｋ美さんも自分の見ているものがうまく説明できず、話はそのままなんとなく尻すぼみで終わってしまった。

「ま、そのときは〝カラコンが合ってないのかな〟程度に考えていたんです。ところが」

数日後、彼女は知り合いの集まりで、偶然〈黒い料理〉を投稿した女性と遭遇する。

「そう言えば……あの料理、なんか黒く見えてさ。ヤバかった」

笑えるエピソードとして話したつもりだった。

相手も笑ってくれるとばかり思っていた。

「そしたら……その子、泣きだしちゃって。ワケわかんないまま懸命になだめました」

五分後。ようやく泣き止んだ女性が、ぼそりと「ウソなんです」と言った。

「あたし、あの写真撮ったとき、メンキャバ（筆者注：ホストクラブに類似した、メンズキャバクラの略とのこと）のツケがヤバくて。このままじゃ風呂行きだって脅されてて。でも、まわりにそんなこと言えないから、いつもみたいにランチ行って、写真アップして。あんなのウソなのに。全然キラキラしてないのに」

そこまで言うと、彼女は再び嗚咽を漏らした。

「可哀想だと思ったけど、どうすることもできないじゃないですか。その場はとりあえず、〝頑張ってね〟と慰めましたよ。まあ、そのあとすぐに彼女のアカウントもラインも全部消えちゃったんで、いまどうしてるかは謎ですけど。で、それよりも」

問題はここからなんです。


その日以降、K美さんはSNSのさまざまな画像が「黒く見える」ようになったのだという。

「高そうな愛犬を写したやつ、お風呂の自撮り、プリクラ……つまり種類は関係なくて。肝心なのは〝撮った子が病んでるかどうか、苦しんでるかどうか〟みたいなんですよ」

彼女は実際に、黒い写真の撮影者へ連絡を取り〈聞き取り調査〉をおこなっている。

「や、そんな大げさなもんじゃなくて、単にメッセージでやりとりしただけです。でも、ビンゴ。百発百中。全員がなんらかのトラブルを抱えていましたよ」

鏡の前で春物のコーディネートを披露していた（もっともK美さんには喪服にしか見えなかったそうだが）女性は、離婚した夫にストーカーまがいの脅しを受けていた。

墨色のマクロビ（筆者注：健康食の一種とのこと）日記をマメに更新していた友人は、

不安定な精神を慰めるためリストカットをくりかえしていた。

「他にも拒食症だった子、彼氏の保証人になっちゃってヤバい子、親のＤＶで入れ歯になっちゃった子……いろいろいましたね。助けられた子も、どうにもならなかった子も。ホント、いろいろ」


「で……ちょっと気になってるんですよね」

取材の後半、Ｋ美さんがやけに沈んだトーンで呟いた。

「最近、目にする黒い写真の数が多くなった感じがして」

すぐには意味が飲みこめず、「それは……〈能力〉が強くなってるということですか」と訊ねる。そんな私を無言で見つめ、Ｋ美さんが首を横に振った。

「そうじゃないみたい。世の中に嘘の写真が溢れはじめてるんだと思います。心のなかの黒いものを隠して、うわべだけキラキラさせた画像……それが、一気に増えてるんです。しかも、その色が濃いの。すべてが真っ黒な写真も珍しくないんです」

どうなっちゃってるんですかね。

どうなっちゃうんですかね。

最後に彼女がぽつりと漏らした台詞は、なんだか目の前の私へ向けられたものではないような気がした。
大切な友人に、なのか。それとも、黒くなり続ける世界に、なのか。
聞きそびれたまま別れてしまったため、真意はいまも不明のままだ。

腹痛

「私ね、特技が《命拾い》なんですよお」

そう言って得意げに笑うH美さんから、話をうかがった。


彼女いうところの《初体験》は、小学校のときであったという。

「クラスメートの家族からキャンプに誘われて、車で湖へ行く予定だったんです」

ところが、前夜になってH美さんは体調を崩してしまう。腹痛に見舞われたのである。

「あ、別に悪いものを食べたとか女の子の日になったとかじゃないですよ。腹部が刃物で切り裂かれるような、ギリギリギリギリッって激痛。もう脂汗《あぶらあせ》ダラダラ、失神寸前」

盲腸だとにらんだ両親はすぐに彼女を病院に運んだ。しかし、検査結果はシロ。異常は何処にも見られず、困った医師は「ストレスでしょうね」と告げた。

「こんなに痛いのにストレスなわけないでしょ、って憤慨してたんですけど、翌朝にケロッと治っちゃって。あの痛みはなんだったのってくらいあっさり。笑っちゃいました」

まんがいち再発しては相手の家族に迷惑がかかると、念のためキャンプは辞退した。

「そしたらね」

その日の夕方、母親が「ちょっと、テレビッ」と叫んだ。子供部屋を飛びだして居間へ駆けつけると、テレビのニュース番組が交通事故の詳細を告げている真っ最中だった。

画面には、フロントの大破した車が映っている。

「クラスメートの家の車でした」

高速道路での正面衝突。家族全員が助からなかった。あとから聞いたところによれば、クラスメートは窓から放りだされたのち、後続の車に連続して轢かれたとの話だった。

「お葬式に出ましたが、棺の蓋がずっと閉じられていました。たぶん……人のカタチじゃなくなっていたんだと思います」

それでも、そのときはまだ「偶然だろう」と思っていた。

「確証を持ったのは中学二年のときでした。部活を……あ、女子サッカー部だったんです。身長があったのでキーパーでした。本当はフォワード希望だったんですけどね。ははは」

放課後であったという。

ゴールを守っていた最中、彼女は突如激しい痛みに襲われ、グラウンドにうずくまってしまう。結局、彼女はそのまま早退した。

「まわりは大騒ぎでしたが、私自身は〝あの腹痛だ〟と思っていました。事実、翌日には痛みがスッキリ消えたんです」

あいかわらず変な症状だなあ。

首を傾げながら学校に向かっていると、同じ部活の子が駆けよってきて「アンタ、運が良かったねえ」と、唐突に肩を叩いた。

「私が早退した直後、強風でゴールポストが倒れたんですって。もし私がその場にいたら直撃していただろうって。いやあ、危なかったですよ。あはは」

その日を境にして、H美さんは「あの腹痛は、なんらかの予兆かもしれない」と考えるようになった。

そんな仮説を裏づけるように、その後も彼女は腹痛にたびたび救われる。

なかなか壮絶かつ内容が多岐にわたるため、ここからしばらくは彼女の独白をそのままご覧いただきたい。

「高校のときは、友だちと買い物に行くはずが、あの《ギリギリギリッ》でドタキャン。そしたら出かけた全員インフルに罹っちゃったんです。私、翌々日に試験を控えていて。もし一緒にインフルになっていたら、ヤバかったですね。ははは。

あと、大学時代にカレシと友達数名で花火大会に行くはずだったときも、直前になってお腹が痛くなって、アウト。心配したカレシも誘いを断って一緒にいてくれたんですが、深夜になって花火大会に行った子から「いま、救急病院なの」って連絡が入ったんです。現地でガラの悪い若者グループに絡まれて、めちゃくちゃ殴られたんですって。その子は鼻骨が折れちゃって、別な子は目をレンガかなにかで潰されて、網膜剥離に。

ほかには交通事故を回避したのが二回、火事を免れたのが一回……スキー旅行の前夜に腹痛を起こしてキャンセルしたこともありました。ま、旅行に行ったメンバーにはなにも起きなかったみたいですけど、もし私が行ってたら、ゲレンデで転んで大怪我していたのかもしれませんね。あはははは」

そんな感じで《命拾い》してきたわけです、はい。

「で……心あたりはあるんですか」

一連のエピソードを聞き終えて、私はH美さんに訊ねた。

これまでの話を要約すると、彼女は《何者か》に護られ生命の危機を回避しているということになる。であれば、その《何者か》の正体は何なのかを知りたかったのである。

要するに、私は疑っていたのだ。

たしかに不思議な体験ではあるが、偶然と言われればそれまでであるし、医師が告げたようにストレスが原因である可能性も捨てきれない。なにかしら納得できる説明が得られなければ、この話を《怪談》として書くわけにはいかない。運が良かった話までカウントしていては読者に見限られてしまう。ゆえに私は、心あたりを訊ねたのである。

「それがねえ、あるんですよ。笑っちゃうでしょ」

こちらの邪推を一瞬で吹き飛ばすかのように、彼女は満面の笑みで即答した。

「あんまり奇妙なことが続くもんで、成人したころだったかな……ウチの親に〝我が家はなにか因縁でもあるのか〟って訊いてみたんですよ。そしたら」

先ほどのH美さん同様、父が「あ、もちろんあるよ」と、あっさり答えたのだという。

「お祖父ちゃんのお祖父ちゃん……あれ、そのまたお父さんだったっけ。忘れちゃったぞ。まあ、とにかくウチらのご先祖様だけどなあ」

切腹してるんだわ。

彼女の父によれば、その「ご先祖様」は由緒正しき武家筋であったが、些細なことから藩主の機嫌を損ね、自刃を命ぜられたのだという。

「で、ご先祖様な、死に際に〝この身果つるとも我が魂魄は現世にとどまりて子々孫々を救いたまん〟とか言ったんだって。や、正確じゃないけど、宣言したのは事実らしい」

以来、彼女の家ではお祖父ちゃんもお父さんも、なにかしらの危機がせまった際には、猛烈な腹痛によって救われているのだと、父は説明した。

「……どうして教えてくれなかったの」

話を聞き終え、H美さんはさすがに怒った。それほど大切な話をなぜ黙っていたのかと憤慨したのである。

しかし、娘の嘆きにも父は動揺しなかった。

「だって、知っても知らなくても痛いのに変わりはないんだぞ。いつ来るかいつ来るかと激痛に怯えて暮らすより、知らずにボケッと生きてたほうが幸せかなと思ったんだよ」

「そんなの」

「お前、もし自分に子供ができて、同じような症状が出たら言うかい。〝腹かっさばいたご先祖様が、お前を守ってくれるんだよ〟って説明するかい」

「……黙ってる、かもね」

「ね。そういうこと。ははは」

「ははは」

父との会話は、そこで終了した。

「そんなわけでね、我が家は代々《切腹の痛み》に助けられてるんです。変な家でしょ。

もっとも、いちばん変なのはご先祖様ですよね。自分が痛い思いしたからって、子孫まで同じ目に遭わせることないじゃないですか。本当、困った一族ですよ。あははは。それにしたってまだ見ぬ私の子供も災難ですよねえ」

あまりにもあっけらかんとした対応に呆れている私などお構いなしに、H美さんは一方的にまくしたててから、「あははは」と心底愉快そうに笑った。

暴霊

都内に住む知人のWさんから、深夜に電話があった。

「昨夜起こった話なんですけど、さっき妙な解決を迎えまして……聞いてほしいんです」

こんな遅くにわざわざ自分へ電話してくるということは、「そういう類の話」なのだろう。それにしても「妙な解決」とは、いったいどういう意味だろうか。

にわかに興味をおぼえ、私は椅子へ深く座りなおした。


電話をもらう前日の夜。彼は都内の国道四号線、A区のSという地区を車で走っていた。助手席には十歳になる息子のケンジ君。近所の英会話塾へ送る最中であったという。

「塾は僕らの車と逆方向、対向車線側にあったんです。なので、交差点で折りかえそうと思っていたんですが」

右折ラインで信号待ちをしていたその最中、後続車がパッシングをくりかえしてきた。

最初のうちは「知りあいでも見つけたのかな」と思っていたが、ヘッドライトの点滅はいつになっても止む気配がない。

なんだよ。

やや苛立ったその矢先、運転手の男がDさんの車まで近づいてきた。

「開けろおおお！」

運転席の真横までくるなり、すさまじい剣幕で男が怒鳴った。

年齢はおよそ二十代後半、身なりや髪色から見てあまり素行の良い人物とは思えない。

男の言動から、どうやらWさんが彼の車を煽ったと激昂しているようだった。

「けれど、僕はずっと男の車の前を走っていたんですよ。追いぬいた記憶なんてないし、急ブレーキだって踏んでいない。わけがわかりませんでした」

ひとりであれば降車して話しあうという選択肢もあったが、今日は息子が助手席にいる。自分はともかく、子供に何かされるような事態だけはなんとしても避けたかった。

止むなくわずかに窓を開け、「すみません」と謝ってみたものの、男の怒りはいっこうにおさまらない。あいかわらず「開けろお！」と叫び続け、ついには「殺すぞ！」と物騒な台詞まで飛びだした。

と、その直後に信号が変わり、二台後ろの車がクラクションを盛大に鳴らしはじめた。

「パパ……どうしたの」

身をちいさくした息子が、怯えた声で訊ねてくる。

「大丈夫、とにかく塾まで行こう」

努めて平穏な声で慰めつつ、Uターンして対向車線を走る。

車を二百メートルほど先の塾の前で停車させるなり、男の車が彼らを追い越し、退路を遮るように前方で停まった。

こいつ、まだやる気かよ。

一瞬迷ってから、Wさんはケンジ君に「さ、行っておいで」とうながした。塾のなかに入ってしまえば、そうそう手出しはできまいという考えだった。

渋る息子を半ば強引に送りだし、塾へ駆けこむのを見届けてから運転席をロックする。

直後、男が再び車に迫ってきた。

「おい、ふざけるな。殺すぞコラ!」

「なんのことですか、あまりひどいと警察を呼びますよ」

窓の隙間から警告するが、暴言はいっかな止まらない。単なる煽り文句ではない証拠に、男は運転席側のドアを何度も何度も蹴りあげていた。

これは、本当に警察沙汰かもな。

この後に待っているであろう面倒な時間を覚悟して、彼は携帯電話を手にとった。

メモ帳を起動させ、男の車の番号を控える。ナンバーは練馬、数字も間違いがないよう二度ほど見なおしてから、メモを保存した。

「殺すぞ、殺すぞ！」

男の蹴りは次第に激しさを増していた。

車体が左右に揺れる。金属の陥没する厭な音が聞こえる。もう限界だった。

誤って全開にしないよう、注意深く窓をさらに数センチ開ける。

「いま、あなたのナンバーを記録しましたので。警察に通報しますから。良いですね」

努めて冷静な口調で忠告するや、男は捨て台詞がわりにドアを思いきり蹴とばしてから、無言で車に戻っていった。

遠ざかるテールランプを眺めながら、全身の力が抜けていく。ようやく車外に出られたのは、男の車が消えてから五分後のことだった。

携帯電話をライトにして、車両の状態を確認する。ドアは思った以上に損傷しており、ウインカーのプラスチック部分にも亀裂が走っていた。

ふと、息子の怯えた顔が浮かぶ。途端に怒りがこみあげてきた。

Wさんはさっそく携帯電話を手にすると警察へ電話を入れ、駆けつけた警察官に一連の出来事を伝えた。もちろん、ナンバーを知らせるのも忘れなかった。

「これだけ証拠があれば、すぐに被疑者は判明すると思います。これから無線で照会してみますから、いったん帰宅なさってください。かならず連絡します」

車両の傷を撮影し終えた警察官が、Wさんに告げる。

「その後、すぐに塾へ行って、息子を早退させてもらい帰宅して……それが、数時間前の出来事です。それで……ついさっき、警察から連絡があったんですけれど」

いなかったんですよ。

発言の意味がわからずに、「え」と惚けた声を漏らす。

「いなかった、というのは」

「該当する練馬ナンバーの車両は存在したんですが……数日前に衝突事故を起こしていて、運転手は死亡していたんです」

「は」

「警察の話ではずいぶんひどい事故だったようで、車両はすでに廃棄されているというんです。事故車として登録されているくらいだから、走行できるはずはないと警察も首をひねっていましてね」

「……ちなみに、その事故の現場」

一拍置いて、Wさんが「ええ」と答えた。

「A区の高速下……まさしく、あの男に絡まれたすぐ近くなんです。死んだ運転手も……顔や名前はさすがに教えてもらえませんでしたが、年齢は二十七歳だったそうです」

「それって……」

「……どういうことなんですかね、これ。私も息子も、実際にあの男を見ているんですよ。車両だって普通に走っていたし、私の車にいたっては傷までついているんですよ」

私はなにも答えられず、電話は煮えきらぬ形で終わった。

いまのところ、続報は届いていない。


余談になるが、Wさんが男に遭遇したA区S地区では過去、いずれも車に絡んだ場所で殺人事件が発生している。憶測による発言は控え、ここでは概要を述べるにとどめたい。

同地区にある中古車販売店の駐車場では、二〇一六年に他殺体が見つかった。犯人は被害者の従弟で、「口論となったすえに殺害してしまい、死体を販売店の駐車場に遺棄した」と自供している。

また、五キロほど離れた同区の駐車場では、二十年ほど前に首のない女性の焼死体が発見されている。犯人は連続殺人事件の容疑者として逮捕されながら証拠不十分で無実を勝ちとった男性で、捜査の結果、同区にある彼のアパートからは、腐敗した女性の頭部と切り取られた陰部が見つかったという。

謝罪

「どうなんでしょうね、俺は自分の目ン玉か脳ミソがおかしいだけだと思ってますけど」

不貞腐れた口調でそう吐き捨てたのは都内在住の青年、Q君。冒頭の台詞は、彼の持つ能力……いわゆるところの〈見える〉力に対しての自己評価である。

「だって、居酒屋で朝まで働くようになって以降ですから。おかしなモノが見えるようになっちゃったの。誰でも寝不足や神経衰弱を疑うでしょ」

あくまで懐疑的な彼をなだめて、私は詳細を聞いた。

Q君が〈見える〉のは、きまって深夜アルバイトの帰り、通勤ラッシュにまみれた朝のホームなのだという。しかも、普通に電車が運行している状況ではない。

「ジンシン。つまり、誰かが線路にダイブしちゃった直後にかぎられているんですよ」

彼が利用する駅は都内でもよく知られた〈自殺の名所〉である。月曜日や連休明けなど人々が憂鬱を抱える朝には、頻繁にこの駅を起点としてダイヤが乱れる。そこへ不幸にも出くわすと、Q君は〈見てしまう〉のだそうだ。

「……って言うとみんな、けっこうエグい姿を想像するんですよ。ゾンビみたいなグチャドロ男がさまよってるとか、まっぷたつになった血まみれ女が這いずりまわってるとか」

ないですから、と彼は断言する。

Q君いわく、〈ヤツら〉のほとんどは男性で、生前とおなじスーツ姿らしい。

ただひとつ違うのは、その姿がうっすらと透けていること。

「だから一発でわかるんですよね。なんつうか……生命を搾流だけ搾りとられた残りカスみたいな雰囲気なんです」

そして、半透明なサラリーマンのなかで、この世を恨むようなそぶりを見せる者は九割九分いないのだ——と彼は続ける。

ほぼ全員が、お辞儀をし続けているのだという。

苛立つ群衆に、申し訳なさそうな顔で頭を下げ続けているのだという。

最近は目撃する頻度が増えている、と忌々しげに言ってから、彼は「でも、たぶん錯覚なんですよ」と、はじめと同様の主張をくりかえした。

なぜ、そこまで己の特性を疑うのか。

どうして自らの能力を肯定しないのか。

訊ねようとした矢先、はからずも彼の口から、私の疑問に対する答えが飛びだした。

「だって……あんな悲しい光景、本当にあって良いわけないじゃないですか。だから俺、自分のアタマが変なんだと思ってるんです。そうでも思わないとやってられないんです」

怒りの理由を知り、私はもうなにも言えなくなった。

彼は今日も、朝のラッシュに逆走しながら生きている。

止まる電車に憤る人々に憤りながら、お辞儀をするものを見つめ続けている。

母電

月曜、朝七時。

チエさんが駅への道を急いでいると、セカンドバッグがわずかに震えたような気がした。

携帯電話を取りだし開いてみれば、振動の正体はやはりメールの受信通知で、送信者の欄には母の名前があった。

一昨日、母の日を祝うため実家へ帰ったおりに携帯電話のショップへ連れだし、高齢者向けの最新機器をプレゼントしたのを思いだす。はじめて手にするハイテク機器に戸惑う母は、とりわけメールの仕組みとボタン操作に四苦八苦していた。諦めそうになっているところを「メールを覚えれば、いつでも私とやりとりができるんだから」と励ましたが、どうやら二日間の格闘のすえ、なんとか送信に成功したらしい。

【はじめて目エルしました　感じにするのがわかりません勝手になります　またね母】

苦労のあとが偲ばれる微笑ましい文面に、思わず吹きだした。

【初メールすごいじゃん、漢字変換の方法は……】

ちょうど駅のホームへ到着したのを幸いとばかりに返事を打っていると、送信を待たず二通目が届いた。

【ちえちゃん遅刻しな　いでね　次にきた時は豚　汁作る　ね外食ほどほど】

お母さんったら。どう打てば、こんなわけのわからない空白ができるのさ。

携帯電話を手に困っているであろう母の顔と、具の大きい豚汁が脳裏に浮かぶ。電車の到着を告げるアナウンスが響くなか、かすかに滲む目尻を指でぬぐった。

来月のお休みも実家に顔をだそうかな。よし、昼休みにメールで伝えよう。

そう心に決めてバッグにしまおうとした矢先、再び携帯電話が震えた。

見れば、メール着信を告げるランプが鮮やかに光っている。

「まったくもう。凝り性なのは知ってるけど、そんな一気に……」

苦笑しながら受信ボックスを開く。メールに目を落とした瞬間、顔が強張った。

【そコ　で　　死ぬぬ死ぬ死】

なにこれ。

打ち間違いだろうとは思ったものの、「死」という言葉がどうしても心に引っかかる。

もしや、母の身になにかあったのではないか。

すこしだけ迷ってから、チエさんは電車を一本遅らせようと判断して待機の列を離れ、ホームの隅で実家に電話をかけた。

「ハイ、もしもし」

「あ、お母さん。いま届いたメー……」

電話がつながった直後、けたたましいブレーキと悲鳴の合唱が構内にこだました。音につられて顔をあげる。線路からはじき飛ばされた通勤カバンが弧を描き、ホームに勢いよくぶつかるのが見えた。

数秒前、自分が立っていた位置だった。

角のひしゃげた、いかにも頑丈そうなカバンを呆然と見つめるチエさんの耳に、状況を把握していない呑気な母の声が届く。

「ごめんごめん。お母さん、やっぱり漢字の変換がわからなくて説明書見てたのよ。もうちょっとしたら三通目送るから……あれ、もしもし、もしもぉし」


それから四年以上の月日が過ぎた。

いまでも彼女のもとには、ときおり母親のアドレスで〈奇妙なメール〉が届く。

「母本人はすっかり携帯の操作に慣れちゃって、絵文字や画像つきで送ってくるんですが、その〈奇妙なメール〉だけは、あいかわらず誤字や空白だらけなんです」

ショップに確認してみれば原因がわかるのでは、と同僚に言われたものの、彼女はまだその気になれないでいる。

「だって……もし原因不明だと言われちゃったら、それこそ怖いじゃないですか」

先週届いたメールにはたった一行、【そろソろデス】とだけ書かれていた。

なにが「そろソろ」なのかは、考えないように努めている。

同名

ここ一、二年、集まる怪異譚に変化が起きているような気がしてならない。

これまでならば、話者が語る話はおもに「過去の出来事」だった。かつてこんな体験があった、以前このような経験をした……そんな、怖気まじりの思い出。とうに過ぎ去った、懐かしさすらおぼえる回想。ゆえに人は安心して語り、私も不安を抱かずに聞いてきた。

ところが最近届く話は、どうやらそうともかぎらない。話者も気づかなかった意味やら、見逃していた視点やらが取材場所で浮かびあがってくるケースがすくなくないのである。思い出だったはずの怪異が息を吹きかえし、席に割りこまれたような印象――言うなれば、「怪談がはみだしてきている」事例が、増えているように思えてならないのである。

「意味がわからない」「それはお前の書きぶりの問題じゃないか」「つまり文字数を稼いでいるんだろう」「名推理を自慢したいだけのくせに」などなど、私が浴びるであろう批判は承知している。否定はしない。原因は筆の拙さだと指摘されれば、かえす言葉もない。

だが、本当にそうなのか。本当に、怪異はこちらへ迫ってきてはいないのか。本当に、私のもとへにじり寄っているわけではないのか。

論より証拠、本項ではその具体的な「実例」を紹介したいと思う。

お願いだから、「杞憂だよ」と言ってほしい。


「いや、すいません。移動に思いのほか手間取っちゃって」

待ち合わせ場所にやってくるなり、サトウ氏は大声で笑った。

見れば、足もとにキャリーケースを転がしている。ちょっとした旅行に使えそうなほど大きなものだが、かなり年季が入っているらしく、把手やファスナーなどあちらこちらがガムテープで補修されていた。

「これね、今日お見せするのに持ってきたんです。ええと、まずね……」

路上でケースを開けようとする彼を慌てて押しとどめ、近くの喫茶店へうながした。

「……はい、まずこれ。あとこれも、それからこいつもね」

テーブルに座るなりサトウ氏はキャリーから複数の冊子を取りだし、どんどんと卓上に重ねていった。赤や紫の表紙には、いずれも箔押しで学校の名が刻まれている。一見して、卒業アルバムだと知れた。

「じゃあ、一人目ね」

彼は手なれた様子で、小学校のものとおぼしきアルバムをめくっていく。

厚紙の風圧にテーブルの紙ナプキンが飛ぶ。拾いあげたウェイトレスに感謝の辞を述べ、コーヒーをふたりぶん注文したところで、サトウ氏が「こいつです」とアルバムをこちらに向けた。

マジックで乱暴に囲まれた、丸。その中央で子供が笑みを浮かべている。クラスごとの個別写真だろうか。下には「サクライ[redacted]」と名前が載っていた。

「この土地には四年から六年までいたの。昔は炭鉱町だったんだって」

その後、バドミントン大会が盛況だっただの、不発弾騒ぎがあっただのと思い出話をひとくさり披露してから、彼はおもむろに別なアルバムを開いた。

「ほら、ほらほら」

指した先には、やはり黒丸に囲まれた少年の笑顔がある。大きな違いといえば、制服を着ていることだろうか。するとこれは中学校の卒業アルバムなのか。

視線を落とすと、やはり「サクライ[redacted]」なる名前。

「ここにはね、親父の転勤で三年生の夏休みまで通ったの。二年生のときに体育館が改築されてね。落成式のあと、近所の洋菓子屋さんがシュークリームを……」

「あの」

ノスタルジーに浸るサトウ氏を大声で諌め、私はアルバムを突きかえした。

「何なんでしょうか、これ」

「だから、中学校の」

「ですから。この卒業アルバムと、今日おうかがいする予定の体験談にいったいなんの関係があるんですか」

私は苛立っていた。彼の怪異譚と無関係なお喋りに、そんな〈ババ〉を引いてしまった己の不甲斐なさに腹を立てていた。

怪談の取材では、ときおり「この手の人」に遭遇する。こちらの趣旨説明がいたらない場合もあれば、人を介した依頼のなかで行き違いが生じた場合もある。当然、それ以外の理由——話者が常軌を逸している場合も、レアケースながら存在する。

しかし、それにしても今回はあんまりだ。私は、推定四十代後半の男性と思い出を共有するために遠路はるばる来たわけではないのだ。恐怖譚を求めてここを訪れたのだ。もしそれが望めないなら、これ以上いる意味はない。

と、そのような趣旨の発言を、私は（多少オブラートに包んで）サトウ氏に伝えた。

だが、彼は唇の微笑を消さぬまま「もう一冊見てもらえばわかりますから」と三冊目のアルバムに手をかけようと粘っている。

「いや、ちゃんと説明してください。そもそもサクライ[redacted]って誰なんですか」

「なにがですか、小学校から中学校にあがることの、どこが不思議……」

「不思議でしょ」

待てよ。

私は彼を無視して、先ほどの二冊をひったくった。

小学校の校名は、九州の都市を冠している。かたや中学校は関東の有名な市の名前。

「別人、ですか」

サトウ氏が嬉しそうに頷き、高校のアルバムをめくった。

黒丸がつけられたリーゼントの少年。先ほどのふたりと似ても似つかぬ顔立ちの男性。

名前の欄には「サクライ[redacted]」とあった。

「彼だけは漢字が一文字違うんですけどね。とにかく私……行く学校すべてに同姓同名の人間がいるんですよ」

得意げに反応を待つ彼を見つめながら、私は喉もとまでせりあがった「だからどうした」というひと言を、懸命に堪えていた。

　こんなもの、単なる偶然ではないか。

　くだんの「サクライ[redacted]」なる名前は、在りきたりとまではいかずとも、そこまで珍しい名前ではない。運が良いのか悪いのかはわからないが、一生のあいだに二度三度と遭遇することだってあるだろう。その程度の事柄を「怪異だ」「奇妙だ」と騒がれたのでは堪らない。その程度で満足する怪談マニアなど、平成の世にはいない。

「同姓同名の方がいたというだけでは、ちょっと弱いかと……」

　正直な感想を述べる。と、そんな反応を予期していたかのように、サトウ氏が笑った。

「みんな、死んでるのに？」

　小中高、ならびに専門学校。

　サトウ氏の人生で出会った計四人のサクライ[redacted]氏は、全員亡くなっていた。

　交通事故による焼死、借金が原因の一家心中、突然の難病、原因不明の自殺……死因はすべて異なる。当然ながら、それぞれのサクライ[redacted]氏に面識や交流はない。

「どうですか、これでもこの話は弱いですか」

　してやったり、という表情をあからさまに、彼がこちらへ顔を近づける。私はこうべを垂れ、「はい」と答えるよりほかなかったのである。

これで、取材はすべて終わったはずだった。もう聞くことなど無いと思っていた。

彼が最後に発した台詞を、耳にするまでは。

「まあ……みんな死んで当然っちゃ当然の人間でしたけどね」

その言葉が、どうにも心に引っかかった。気の所為だ、気の所為だ……何度言い聞かせても、疑念は払拭できなかった。

メモ帳をしまいかけた手を止めて、私はサトウ氏に問う。

「そういえば……机の並び順は、どのように決まっていたんですか」

「ええと、入学したてとかクラス替えの直後は名簿の順でしたね。アイハラ、イノウエ、エザキ、オオカワ……」

「サクライさんは」

「サクライは……私のすぐ前だったな」

「すると、サクライさんはサトウさんの前列に座っていたわけですよね」

「……ええ、まあそうですね」

「仲は良かったんですか。交流はあったんですか」

サトウ氏はしばらくのあいだ質問を無視するように、卒業アルバムをキャリーバッグへしまっていたが、やがて、諦めたように渋面で口を開いた。

「交流って呼べるほどの交流はないかな。どいつも厭な性格で、俺を馬鹿にしてたもの」

言うべきか否か――しばらく迷ってから、私は彼に告げた。

「つまり、あなたと座席が近く、かつ不仲だった方が全員死んでいるということですよね。もしかしたら、同姓同名だったのは本当に偶然で……むしろ重要なのは」

「なんだよお前は」

彼の口調が変わった。

「いや、私はただ」

「お願いされたから来たのに、事情聴取みたいな真似しやがって。もう良いよ」

そう言うなりサトウ氏は席を立って出口へと向かったが、退店する直前で踵をかえし、再び私のもとへ近づいてきた。

「お前、そういうのは大変なんだぞ、大変なことになるんだぞ。俺は祈るだけで良いんだからな、一回も外してないんだからな」

早口で一方的にまくしたてると、彼は今度こそ出ていった。

言い知れぬ不気味さを残して、今度こそ取材は終わった。

※本項は取材時の詳細を書くことを条件に、サトウ氏より掲載許可を頂戴した（その理由については不明だが）。念のため、その事実をここに記しておく次第である。

誤認

「そういうものだと思ってたんですよね」

X君は、そんなひとことから自身の体験を語りだした。

小学校低学年のときの出来事だそうだ。


当時、彼は父方の両親、つまり祖父母の家にほぼ毎日顔を出していたのだという。

「両親が共働きだったので、学校が終わると〈じいばあの家〉へまっすぐ向かうんです。祖父にお菓子をもらって、祖母の作った夕飯を食べて。で、ちょうど眠くなったあたりに親父が迎えにくる……そんな流れの毎日。自宅より滞在時間は長かったんじゃないかなあ」

ただ、そうはいっても自宅ではないから、好き勝手というわけにもいかない。祖父母の家には「入ってはいけない」場所がいくつかあった。

鋸や枝切り鋏がしまってある離れの納屋、床の間に茶器が飾られている一階奥の和室、そして、二階のどん詰まりにある一畳ほどのちいさな空間。

「どの部屋にも基本的には入りませんでしたよ。隠れんぼがてら、ちょこっと覗く程度で。だって納屋は危ない刃物ばかりだし、和室の茶碗も見るからに高級そうだったし……あと、狭い部屋は〈鏡の人〉がいるんで、邪魔になっちゃ悪いし」

異様に狭い部屋の壁には、洗面所で見かける類の鏡が据えつけられていた。そして彼は四度ばかりその空間に侵入し、鏡を覗いている。

鏡に映る自分の背後にはいつも〈鏡の人〉が群れていたのだと彼は言う。

「耳のない、つるんとした頭の人なんです。全身が白っぽくて、目も鼻もぼんやりしてて……あ、でも口だけは明瞭りしてました。蝶の卵みたいにちいさい歯が、びっしり生えているんです」

彼ら（彼女らだろうか）は、幼いX君の背後で、異様に長い手足をうねうねと揺らしていた。腕が上下するたびに、つられて細かな歯もずるずる動く。そのさまは、笑っているようにも怒っているようにも見えたそうだ。

ただ、彼はその〈鏡の人〉を、べつだん怖いとは思っていなかったらしい。

「だから言ったじゃないですか、そういうものだと思ってた……って。そもそも鏡の原理も理解してなかったんですから。子供って非常識ですよね」

そんな〈じいばあの家〉は、彼が小学校三年生のときに取り壊されている。

体調を崩しがちな祖母の療養のため、四国の海沿いに移住してしまったのだという。

「だから〈鏡の人〉の真相も謎のままです。まあ、いまでは光の加減を人間に誤認したか、もしくは記憶をあとから改竄したのかな、なんて考えてますけど……なんかすいません、襲われたとか呪われたとかあれば良いんでしょうけど、これだけなんです」

あんまり怖くなくてすいませんせん、と彼は再び頭を下げた。


取材が終わって帰り支度をはじめた刹那、私はふと浮かんだ疑問をX君に投げた。

「あのさ。お祖母さんの家って、小学校の帰り道にあったんでしょ」

「あ、ええ、はい」

「ということは……お祖母さんの家、あなたがご両親と住んでいたお宅から、かなり近い距離にあったということだよね」

「ええ、直線で二百メートルくらいですかね。まあ、両親と住んでいたのは狭いアパートだったんですけどね。一軒家に住むのは高学年になってから……」

「それは良いんだけど。ねえ……どうして、一緒に住んでなかったの」

なにかを疑ったわけではない。

なんとなく気になる、単純にそれだけの理由だった。

むろん、おなじ市内に住んでいても、住居を別に構えているケースなどままあるだろう。若い夫婦となれば、なおさら世帯を分けたいと思うのも頷ける。だから、本当にちょっとした補足のつもりで訊ねたのだ。

答えるX君の口調も、実にあっさりしたものだった。

「なんか、オフクロが〝あの家で寝るのだけは絶対に嫌だ〟って譲らなかったらしいです。だから正月なんか親戚が集まってるのに、わざわざ夜にいったんアパートへ帰って、翌日また行くんですよ。オヤジは〝親戚と潰れるまで飲みたいのに〟と愚痴ってまし……」

彼の言葉を止めて、私はさらに訊ねる。

「お母さんって神経質な性格なのかな。たとえば、枕が変わると眠れないとか」

「いやいや、とんでもない。旅先でも最初にいびきをかきはじめる人ですよ」

「そんな人が、どうして寝るのを拒否したの」

「え」

「お母さん、知ってたんじゃないの。〈鏡の人〉を見てたんじゃないの」

「……考えたこと、なかったですね」

そういうものだと、思ってたんで。

その言葉を受けて、別な疑問が胸に湧く。

「さっき、〝鏡ってそういうものだと思ってた〟と言ってたじゃない」

「……ええ」

「でも、鏡ってほかの場所でも見るよね。そのときは妙に思わなかったの」

まるで最初の問いを払拭するかのように、彼がひときわ大きな声で返答した。

「もちろん学校なんかの鏡には映りませんでしたよ。だからそれも〝そういうものだ〟と思ってたんですッ。だから、だから子供ですから常識が」

「待って」

興奮気味のX君を落ち着かせてから、口を開く。

「学校なんかの……ってことは、家の鏡には映ると認識してたの。〈じいばあの家〉にある、ほかの鏡にも妙なモノが見えたの」

数秒の沈黙ののち、彼がゆっくりと首を横に振った。

「そういえば……あの家、二階の部屋以外には鏡が一枚もなかったです」

僕は、てっきり、そういうものだと。

彼は、得意の台詞を最後まで言わなかった。

「今度……四国の祖父母に聞いてみます。聞きたくないけど、聞いてみます」

やや青ざめた顔でちいさく漏らすと、彼はそのまま去っていった。

囮墓

「檀家さんの手前もありますので、場所だけはくれぐれもお控えください」

開口一番、強く念を押してから住職のU氏は話をはじめた。

彼が住職を務める寺院は、彼いわく《聖地》なのだそうだ。

「有名なご本尊があるとか、初詣は人でごったがえすとか、そういう意味ではないのです。ちょっとばかり変わった参拝客がいらっしゃるのですよ……夏の、真夜中に」

察しの良い方はもうお気づきだろう。

U氏の寺は、「肝試しのメッカ」として地元では有名だったのである。

といっても、夜の境内が踏み荒らされるわけではない。「招かれざる参拝者」のめあては墓所。本堂から道路をまたいだ先にある広大な墓地に、こぞって侵入するらしい。

「多少騒いだところで本堂からは聞こえませんしね。駐車場も広いし、もし見つかってもそそくさと逃げられますから、友人との暇つぶしにはもってこいなのでしょう」

そう言いつつも、住職にあまり嘆いている様子はない。こちらがそのように指摘すると、U氏は「いまにはじまった話ではありませんので」と苦笑した。

「親父の代からそういう輩は多かったのです。うちの寺は大学が近い所為か、ひと昔前は新入生の度胸だめしに使われていたようですな。まあ一年生などは命じられるままに墓を訪れては逃げ帰るだけで、さしたる害はないのですが……先輩風を吹かせる三年生などがきた日には、墓は倒されるわ卒塔婆は折られるわで、それはもう酷いものでした」

出入口を塞いでみたが、さしたる効果はなし。警告の看板を立てても叩き折られる始末。どうしようかと悩んだすえ、U氏の父親である先代の住職はひとつの策を実行した。

「とはいってもまるきり父の発案というわけではなく本山からの助言だったようですが。おとりの墓を、建てたのです」

住職いわく、墓所には〈囮墓《おとりばか》〉があるのだという。

「ぱっと見は普通の墓石なのですがね。これが建って以降、なぜか皆さん他の墓には目もくれず、この一基だけに悪さをするのです」

「こんな感じなのですが」と彼は携帯電話を開き、〈囮墓〉の画像を見せてくれた。写っていたのは、いかにも荒削りな小ぶりの墓石である。周囲の状況から、参道をはずれた藪の近くに立っているとおぼしい。設置場所も佇まいもいささか地味に過ぎる。不遜な参拝者が狙って狼藉をはたらくとは思えない。

正直な感想を告げる私に、U氏は「ええ、ええ」と何度も頷いた。

「仰るとおりです。〝こんなさえない墓がイタズラの標的になるものか〟と、にわかには信じがたいでしょうね……では、ひとつ思い出話をいたしましょう。あれは夏も終わりの朝でしたな」


いつもどおり朝のおつとめを終え門前を箒で掃いていたU氏は、駐車場に入ってくる一台の車を発見した。

はて、お盆にお参りしそこねた帰省客だろうか。

訝しみながら様子をうかがっていると、車から大学生らしき青年が降りるや、こちらへまっすぐに向かってくる。

「あの、その……すいません！」

姿をみとめるなり、青年がU氏に向かって深々と頭を下げた。

「実は昨日の夜……友だちと、こちらにちょっとだけお邪魔しまして」

「なるほど、肝試しですか」

「ええ。そ、それで……間違って、お墓を倒しちゃって」

「なるほど、わざとですな」

「は、はい。ごめんなさい。そしたら……」

さんざん墓場で遊びたおしたのち、青年は友人と別れて帰宅したのだという。

両親を起こさぬよう、玄関のドアをそっと開ける。暗がりのなか、手さぐりで靴を脱ぎ二階の自室へ向かおうと廊下へ足を踏みだした、その直後。

「え」

台所へ続く廊下に、人の頭が浮いていた。

見知らぬ禿頭の老人だった。

光の加減なのか老人は顔の左側面だけがぼんやり発光しており、右側はまるで見えない。ひとつきりの目が、じっと青年を睨んでいた。

「……そのまま表へ飛びだして車に乗って、コンビニの駐車場で夜明かしして……それで、朝になってすぐ、こちらへお詫びに……」

青ざめた顔でとぎれとぎれに申告すると、青年はもう一度頭を下げた。

「祟りだ祟りだと騒がしいので、〝祟られたのではなく、諌められたのですよ〟と諭し、その後は一緒に倒れた墓石を直しました。そんな話が、ひとつふたつではないのです」

話を聞き終え、私は率直な感想を口にした。

墓地を荒らす不届き者を引き寄せるため囮の墓石を設置する。ここまでは理解できる。しかし、なにも入っていない空洞の墓石に、いったいなんの効力があるというのか。人を惹きつけ、あまつさえ不遜な輩のもとを訪れて脅すなど、どだい不可能ではないか。第一、青年が目撃した「禿頭の男」とは誰なのか。墓石の精だとでもいうのか。

住職はにこやかに聞いていたが、やがて「私のお喋りがつたない所為で、いくつか思い違いをなさっておられるようで」と、静かに答えた。

「おもい……ちがい、ですか」

「たしかに墓は囮ですが、空っぽではありませんでね。きちんと骨を納めておるのです。とはいえ、檀家さんのお骨を勝手に使うわけにも参りませんし」

「はあ」

「父なのです。あの墓には、父の骨が安置されておるのです」

絶句しつつ、私は新たに浮かんだ疑問を問う。では、お父上は一族の墓ではなく、自ら囮になるために墓へ入ったというのか。

「ところが、うちの寺では亡くなると本山で御同朋と一緒に埋葬されるしきたりなのです。ですから、すべての骨をおさめるわけにはいきませんで。やむなく苦肉の策をとりまして」

頭蓋骨を断ち割り、左半分だけを墓に入れたのです。

思わず声をあげた。

「だから、左側だけ……」

ひとり納得して惚ける私に微笑み、U氏は「ええ」と首肯した。

「魂魄がとどまるということは、仏教ではけっして褒められるべきではないのですがね。〝まあ、墓守はおらねばなるまい〟と、父は笑っておりました。いずれ私が、その役割を引き継ぐのでしょう」

いずれ来るその日までに不埒な方がいなくなれば、いちばんありがたいのですがね。

そのように言葉を結ぶと、住職はちいさく合掌した。

写霊

すべてのはじまりは三月のはじめ、知人のT氏がよこした電話だった。

「変な写真が手に入ったので、ご覧いただきたいんです」

私に見てほしいということは、つまり「そういう写真」ということになる。すぐにでも拝見したかったのだが、あいにく原稿が山積しており容易に動ける状況ではない。

そう告げたところ、T氏は「では、写真を持参してそっちの事務所にうかがいますよ。持ち主も連れていくので」と答えた。

声が心なしかうわずっている。

いったいいなんだ。

不穏なものを感じながら、私は日時を打ち合わせて電話を切った。


「これなんですけどね」

約束当日、事務所に到着するなりT氏がテーブルに一枚の写真を置いた。隣には写真の持ち主である青年、S氏が不安そうな面持ちで座っている。やけに物々しい雰囲気のなか、私は写真を手に取った。

公園だろうか、中年の夫婦が柵にもたれて微笑んでいる。背景には堀らしき池と桜並木。どうやら花見の時期に撮影したスナップショットらしい。写真の退色や被写体の服装から察するに、昭和半ばあたりに撮影されたものではないか。

そんなことを考えつつ写真を眺めていた矢先、私はふいに違和感をおぼえた。

夫婦の背後、頭と頭の隙間から別な人物の頭部がちらりと覗いている。男性か女性か。黒い髪と肌の色は判別できるが、ぶれているため性別まではうかがえない。

しかし、問題はそこではなかった。

夫婦が寄りかかっている柵の後ろは、先述したように堀である。

人の立つ場所などないのだ。

「どうです、どうです」

T氏が身を乗りだして、こちらの反応をうかがう。

「ええと、まあ……言い方は悪いですが、ありがちな心霊写真だと思います。いるはずのない場所に立っている人物。典型的ですね」

あまり期待を持たせぬよう、私は努めて冷静な口調で答えた。

警戒したのだ。

その態度から鑑みて、T氏と持ち主のS氏は、この写真を大スクープだと認識しているのではないか。心霊写真業界（そんなものがあるのか知らないが）にセンセーショナルを巻き起こす、画期的な、あけすけに言えば「銭になる」写真だと思っているのではないか。

だとすれば、答えはノーだ。

確かに奇妙な写真ではある。ひと昔前の心霊写真を扱った書籍であれば、本物だとお墨つきを貰えることだろう。しかし、時代はすでに平成なのだ。目の肥えたいまどきの読者は、頭が写っただの足が消えただのといった程度ではまったく驚かないのだ。「平凡だ」もしくは「合成だ」、いずれかの意見によって一蹴されるのが関の山である。

ゆえに、もしT氏らが過度な期待をしているとすれば、それを否定しなければならない。私はそのように考え、くだんの発言をしたのであった。

だが、そんなこちらの冷たい反応にも、両氏ともに落胆したような様子は見られない。「なるほど」「まあねえ」などと小声で言いあっては目配せをしているばかりである。

こっちの言ったことを理解していないのかな。

苛立ちをおぼえたと同時に、T氏が「実は」と、微笑んだ。

「これで終わりじゃないんですよ」

二枚目は、先ほどの写真よりも如実に怪しいものだった。

中年夫婦の妻が、朱塗りの橋の上に立ってすましている。堀、石垣、桜。周囲の景観を見るかぎり一枚目と同じ場所のようだ。春のひとコマを切り取った写真は、とても長閑な雰囲気に見えた。

写真の左半分が真っ赤に染まってなかったならば、だが。

鮮血のカーテンを思わせる帯状の光が、被写体の女性めがけて降り注いでいた。通常の逆光や反射では、このような色にはならない。

「ね、どうですか。これはなかなか凄いでしょう」

得意げに笑うT氏を見ながら、果たしてなんと答えるべきか私は迷っていた。赤い光は心霊現象などではなく、一見して、単なる《保存状態の不備》であったからだ。

撮影済みのフィルムを現像に出さないまま長いあいだ放っておくと、このような光線に似た傷ができる。ほかにはうっかりカメラの蓋を開けた場合、ネガフィルムを誤って損傷した場合にも同じような傷が生じる。要は、自然現象なのだ。

もちろん、この写真を「心霊ですね、怖いですね」と騒ぐのは簡単だ。しかし先述したとおり、現在の読者は非常にシビアである。これしきの真相はすぐ見破るだろう。結果、「コイツらはなんでもかんでも心霊って言えば済むと思ってやがる」と愛想を尽かされてしまうのがオチだ。それでは、怪談実話というジャンルに対してまるでプラスにならない。

だからこそ、「合理的な解釈ができるもの」はきちんと省き、「どうにも説明がつかないもの」だけ選りすぐらなければならないのだ。怪談を愛好すればこそ、我々は読者以上にシビアでなくてはいけないのだ。

と――以上のような理由を述べたのち、私はふたりに対し、この写真の仕組みを説明した。

さすがにこれには参ったようで、T氏S氏ともにがっくりときている。

「念のため、この写真を所有した経緯をうかがってもよろしいですか。それによっては、一枚目に写っているモノの正体も解るかもしれませんし」

両氏の落胆ぶりに若干の申し訳なさをおぼえた私は、彼らの自尊心をわずかばかりでも回復してもらおうと、S氏に水を向けた。

いまにして思えば、そんなことはするべきではなかったのだが。

「はじめてこの写真を見たのは小学生の時分でした。その日、同級生を家に招いていた僕は〝ヒーローごっこしようぜ〟と、物置代わりに使われている和室へと忍びこんだんです。そしたら」

雑然と荷が積まれた六畳ほどの部屋の一角。

そこに、ティッシュペーパーにくるまれた、写真とおぼしき四角いかたまりが、ぽん、と置かれていたのだという。ティッシュは裏がセロハンテープで厳重に封じられていた。どう見ても「開けるな」という合図である。

だが、そこは好奇心旺盛な子供のこと、S氏はその封印を見つけるなりテープをすぐに剥いで中身を取りだしたのだという。なかには二枚の写真と、ちいさく折り畳まれた小袋状のティッシュが入っていた。小袋を開けると、白い結晶のような粉がさらさらと零れてきたそうだ。

「塩なんですよ。でも、写真と一緒に塩を入れるなんて普通じゃないでしょ。気になって、写真を確かめてみたわけです」

写真は先ほど拝見した、春の公園で佇む中年の男女二枚のスナップ。写っているのは、若き日の祖父と祖母だった。

じいちゃんと、ばあちゃんだ。

なんだろう、この写真。

意外な結果に驚いていると、同級生が彼の背後から覗きこむなり「心霊写真じゃん」と大声で叫んだ。そのときはじめて、こちらを睨む謎の頭部と、赤い光に気がついた。不思議ではあったが、そのときは恐怖よりも「隠しているものを盗み見てしまった」という罪悪感が勝っていたと、S氏は述べている。

結局彼はティッシュをもとどおりに封印すると、その場に戻した。

「そのときは、それでおしまい。次にその写真を見たのは数年後、中学のときでした」

きっかけは、前夜に放送されていたテレビ番組の心霊特集だった。朝、ホームルームを控えたクラスはその番組の話題で持ち切りになっていたのだという。

「昨日のアレ、見たか」

「あんなのインチキだろ、子供だましだよ」

「バカだな、ああいうのは本当にあるんだって」

「じゃあお前、見せてみろよ。持ってきてみろよ」

「……あの、ウチにあると思うよ。心霊写真」

S氏の唐突な発言に教室は騒然となった。

すったもんだのあげく、クラスでも肯定派と否定派それぞれを標榜する男子生徒ふたりが、放課後に彼の家を訪れることに決まった。

「で、あの部屋に行ったら同じ場所にあるんですよ。五、六年経っていたけれど、動かされた形跡もなくて。それで……見せたんです」

ふたりは写真を見るなり、絶句した。

「これ……ホンモノじゃん」

「つか、塩まで入ってるのは、さすがにヤバいんじゃないの」

「それにしても、この祖父ちゃんと祖母ちゃんのうしろの横顔、おっかねえなあ」

同級生の漏らした言葉に、今度はS氏が息を呑んだ。

「よこがお」

「うん、この横顔、なんだか怖いよ。目だけがこっちを睨んでるぞ」

「え」

写真を同級生の手から引ったくって、確かめる。

顔が違う。

祖父母の背後に立つ頭部が真横を向いている。小学生のときに見た顔は、確かに正面を向いていたはずだ。

鳥肌が腕を走る。

そのときはじめて、S氏はこの写真を見たことを後悔した。

「……で、結局しぶる彼らを説得して、写真を再び封印したんです。なんだか、もう触る気がしなくて」

S氏がそこまで話し終えたところで、紹介者であるT氏が「写真のなかの顔が動くって、そりゃマジでヤバイよ」と口を挟んだ。どうやらT氏自身も初耳であったらしく、その声には興奮の色が滲んでいる。

が、そんなT氏とは裏腹に私は醒めていた。似たような話を知っていたからだ。怪談好きであれば知らぬ者はいない希代の名著『新耳袋』のなかに「八ミリフィルムの中の子供」という傑作がある。

自主制作で八ミリ映画を作っている大学生が、ある日撮影したフィルムを試写したところ、そこにはおかっぱ頭の全身真っ白な女の子が写っていた。やがてその話は仲間じゅうに広まり、持ち主の部屋にはフィルムを一目見ようと、学生が連日訪れはじめる。ところが何度目かの試写をおこなった際、彼は気がついてしまった。後ろを向いていたはずの顔が、横顔になっているのである。このままではいずれ女の子は正面を向く、そのときいったい何が起きるのか。それを考えると怖くなり、持ち主はそのフィルムを押し入れの奥深く封印してしまった——そのような話だったと記憶している。

変化するはずのない写真やフィルムが変貌を遂げる怪異をあつかった名掌編。それに、S氏の話は酷似していたのだ。

念のため申しあげておくが、私は「S氏が名作を剽窃した」などとは思っていない。彼が写真の尋常ならざる変化に気づいたのは本当なのだろう。しかし、それでも私は興奮できなかったのだ。

身も蓋もない言い方をするなら「ネタが割れている」からである。

怪談実話というのは、(それが全てではないにせよ) 恐怖の鮮烈さがウリになっている。予想だにしない展開、こちらの想像を覆す怪異の発生。それがあればこそ、読者は驚き、震えあがるわけだ。しかし、その恐怖がすでに語り尽くされたものであった場合はどうか。読者は「あ、この話なんか知ってる」という印象を抱き、結果そのような話を嬉々として紹介した作者の勉強不足を笑い、情報収集能力の低さを嘲り、しまいには他の作品も白い目で見るようになるだろう。

むろん、既知の恐怖を文章の工夫や構成の巧みさで新鮮な恐怖としてアレンジするのも作者の力量である。実体験を取材している以上、似たような話がストックされてしまう事態は避けようがないし、それを踏まえたうえで如何に読ませるかが重要なのも心得ている。それでもやはり、私は目の前のふたりのように純粋無垢な興奮は抱けなかった。

ひとたび「怖くない」と感じてしまったら、その評価を覆すのはきわめて難しいのである。自分が怖いと思っていないものを、読者へ提供するわけにはいかないではないか。

「おおよその流れは理解できました。ただ、今回は……」

失礼な物言いにならぬよう努めながら、私は両氏にそのような主旨を伝えようとした。

その矢先だった。

ふとテーブルの上に落としていた視線が、二枚目の写真を見るなり動かせなくなった。

真っ赤な光があたっていない写真右下の、石垣に面した堀。

そこに、誰かがいる。

写真をひったくり改めて観察してみると、確かに黒っぽいシャツを着て、スラックスとおぼしきパンツを穿いた人物が写っている。身体のフォルムは正面を向いているから、つまりはレンズか、もしくは被写体女性の方角を向いていることになる。服装から察するに男性のようだが、欄干で首から上が隠れているため断定はできない。身長から判断するかぎり、男女問わず成人の可能性が——。

おかしいと、気がついた。

首から下の寸法で判断するならば、男性の頭は欄干からはみ出しているはずだ。

どうして首が見えないのだ。もしかして。

「首が、ないのか」

咄嗟に一枚目の写真を掴む。

にこやかな夫婦の背後に立つ、知らぬ間に動いているという頭部。

もしや、この人物は背後に立っているのではなく、
首だけが漂っているのではないか。

首から下のないモノが写った一枚と、首から下のないモノが写った一枚。

なんだこれは。

身体が、芯からすっと冷えた。

と、二枚の写真を無言で見比べている私に業を煮やしたのだろう、T氏に肘で小突かれながら、S氏が「あの、実は」と切りだした。

「もう一枚あるんです」

「え、でもさっきティッシュに包んであった写真は二枚だって……」

「それがですね」

まだ寒気のおさまらぬ私に構わず、S氏が鞄をまさぐった。

テーブルに置かれたのは、前の二枚よりもふたまわりほど小ぶりの白黒写真である。

喪服の男女が墓を囲んでいる様子、つまりは葬儀の風景を遠方から撮ったもののようだ。墓石の背後でカメラを構えているため、刻まれた名前は読めない。群がっている人の顔も大半が潰れており、誰が誰やら明瞭りしなかった。

これまで見たなかでは、もっともいわくありげな写真のように見える。けれどもそんな予想に反し、どれほど目を凝らしてみても白黒写真に怪しい箇所は発見できなかった。

「これ、なんですけどね」

写真を凝視している私へ、S氏が、ぼそり、と呟く。

「今回こちらへお持ちするために、何年かぶりでティッシュを開いてみたところ……この写真が、新しい塩の小袋と一緒に入っていたんです」

「じゃあ、ご家族の誰かが」

「いえ、両親と祖母に聞いてみましたが、写真の存在自体知らなかったそうです。祖父は亡くなっていますし、ほかに家を訪ねてくる親戚もいないので見当がつかないんです」

謎の写真。塩の小袋。夫婦の背後に立つ生首。こちらを向く首なしの身体。詳細不明の葬式写真。顔の潰れた喪服の人々。そして、その出所を知らないと言い張る家族。

「教えてください。なんなんですか、これは」

S氏が問う。私は答えの代わりに「そのお写真、私に預けていただけませんか。真相を探ってみます」と告げていた。

なにかしら手だてがあったわけではない。見知らぬ玩具を手にした子供がスイッチを押してしまうように、好奇心がそう言わせたのである。

そう、子供は好奇心を止められない。

たとえ玩具と思っていたものが、地雷だったと解ってもだ。

さて、ここまでお読みくださった読者のなかには、「どうしてこの話を、これほど長々と書き連ねているのだろう」と、首を傾げた方もいらっしゃることだろう。確かに、ほかの話と比べてこの話は余分に枚数を使っている。だが、新しい書き方にトライしたわけでも、少ない話数で頁を稼ごうと横着したわけでもない。

正直に言おう。私は畏れていたのだ。

すこしでも端折って書いたならば、説明を省略して綴ったならば、《見えざるなにか》がやって来るのではないか。《やつら》の期待に沿う文でなければ、襲われるのではないか。そんな不安を払拭できなかったのである。

なんの根拠もなく戯言を宣っているのではない。

その証拠になるかどうか解らないが、最後にもうひとつ、この写真にまつわる出来事をご紹介しよう。私自身の、話である。


写真を預かった翌々日の真夜中。

私はパソコンの前で原稿と格闘していた。書いていたのは、いままさに読んでもらった《三枚の写真》の話である。

もっとも、その時点ではここまでの長文を書くつもりはなかった。両氏との遣り取りや、S氏が写真を発見するまでの経緯、そして三枚目の写真にまつわるくだりを省き、「知人が見せてくれた写真には、生首と首のない身体が写っていた」という部分だけを抽出して、原稿用紙換算で四枚程度のボリュームにしあげるつもりだった。

怪談は、怖さの芯に向かって最短距離で読者を運ばなければならない。そのためには、たとえ真実であっても、不要な情報や読み手を混乱させる複雑な時系列は省略することが望ましい……そんな考えにもとづき、私は物語の贅肉を削いでいたのである。

難渋して、半分ほどを書きあげたころだった。

こ、こ。

玄関で、ドアを軽くノックする音が聞こえた。反射的に椅子から立ちあがって腰を浮かせる。と、はずみでパソコンの時刻表示が目に入った。
午前二時四十五分。
こんな時間に来る人間もいないよな。空耳、かな。
次のノックを待って動こうと奇妙な格好のまま身を強張らせていた、その瞬間だった。

あ　た　ま　で　す　よぉぉぉぉ

おもてから金切り声が響いた。
まるで、一緒に登校しようと呼びかけにきた子供のような声だった。
声は、その一度きりだった。
十分ほど経っておそるおそる表を覗いたが、人がいた形跡は何処にもなかった。
パソコンの前で夜明けを待ちながら、いったいどういうことだろうと考える。
あの《三枚の写真》の話は、封印すべきなのか。それともより詳細に綴るべきなのか。
判断を間違えば、きっと《あれ》はまた来る。次はたぶん、目の前にあらわれる。
悩んだあげく、私は状況を漏らすことなく書き記すほうを選んだ。
その後怪異が起こっていないところを見れば、そちらが正解だったのだろうか。

それとも、矢を放とうと弓をめいっぱい引くように、力を蓄えているのだろうか。

S氏からは翌週になってメールが届いた。

あの写真が撮影された公園が判明しそうだという。

「ぜひ、一緒に行ってみませんか」

メールはそんな言葉で終わっていた。返事はまだしていない。

侵入

「思い過ごしだと思うんですけどね」

そう口火を切って、三十代の女性が教えてくれた話である。本人の希望により職業など詳細は控え、彼女が淡々と語った内容をまとめるにとどめておきたい。


二年ほど前、女性は職場の近くにあるマンションへと引っ越した。

即決だった。家賃の安さにも良好な立地にも申し分のない広さの間取りにも、とても満足していた、と彼女はいう。

引っ越してから一週間後の、深夜までは。


午前二時過ぎ。玄関から聞こえる音に気がついて目を覚ました。

耳をそばだてると、ドアに据えつけられた郵便受けが、かた、かたた、と鳴っている。

風や地震ではない証拠に、音は一定のリズムを刻んでいた。まるで誰かが投函口から手を挿しこんで、内鍵を開けようとしているような音だった。

泥棒、強盗、変質者――いやいや、前の住人がつい間違えて古巣に帰ってきただけかも。そうだ、きっとそうだ。そんな楽観的すぎる希望を自分に言い聞かせているうちに、音は止んだ。

その日は「空耳だったかもしれないし」と、己を必死になだめたという。

だが、翌日も郵便受けはおなじ時刻におなじ音を立てた。

いつでも通報できるようにと携帯電話を握りしめ、ベッドで息を殺す。やがて、昨日と同様に十分ほどで音は止まった。

こうなってはもう空耳では済ませられない。

女性は夜が明けるなりマンションを管理する不動産業者に連絡したが、その日の夕方に「監視カメラには誰も映ってませんでした」と返事がきて、それっきり。憤慨して警察に駆けこんだものの、ドア周辺から彼女以外の指紋は検出されず、「なにかあったら電話してください」とすげなく言われておしまいになった。

その間も玄関は連日、同時刻に異音を立てた。

思えば、引っ越しからしばらくは疲労もあって泥のように眠っていた憶えがある。ならば、自分が気づく前からあの音は聞こえていたのか。毎夜毎夜、何者かが侵入を試みていたというのか。

こうなれば、自衛するしかない。

彼女はインターネットで情報をあさりはじめ、やがて「これだ」と思える防犯グッズと出会う。金属製の細長い板で、ドアの投函口を塞いでしまうという仕様の商品だった。これなら、郵便受けから手を伸ばす事はできないはずだ。

もう大丈夫だ。

藁にもすがる思いで、注文ボタンを押した。


翌々日。

ようやく届いた金属プレートを手に、彼女は玄関先で悪戦苦闘していた。

くだんの防犯グッズは先述したとおり、ドアの投函口に嵌めこむ形式の金属板である。つまり、据えつけのフレームを外さなくてはいけなかったのだ。

ところが、これが意外に曲者だった。

投函口にネジの類はなく、調べてみると内側の「郵便が落ちる部分のカゴ」をいったん外さなくてはいけない事実が判明した。さりとて、自宅には一本のプラスドライバー以外、工具らしい工具はない。そんな唯一の〈頼みの綱〉を駆使し、彼女は慣れない解体作業をおこなっていたわけである。

安物のドライバーを何度も滑らせ、ネジ山を潰しかけてはそのたびに慌てつつ、彼女は黙々と投函カゴを外しにかかった。これさえ終われば安らかな夜が再びやってくると信じ、懸命に手を動かし続けた。

格闘すること三十分。がたん、と軽い音を立てて投函カゴが玄関のコンクリに転がった。思わずその場に座りこみ、ささやかな勝利の満足感にひたる。

数秒後、息が止まった。

目の前へ放りだされたカゴの裏蓋に、長方形のちいさな紙片が貼られている。

筆書きの梵字《ぼんじ》。

かすれた朱印。

四隅には、「厄」という文字が見てとれる。

古びた紙がいったいなんであるかは、一目瞭然だった。

どういうこと。

疑問へ答えるように寝室の柱が音を立て、台所の蛇口に溜まっていたとおぼしき水が、流し台のステンレスを、じたたたっ、と鳴らした。

ふりかえると、リビングのカーテンがかすかに揺れている。窓は開いていない。

ふと、思う。

もしや、あの異音は「侵入を妨げられていた音」だったのではないか。そして侵入者を防いでいたのは、裏蓋の「これ」だったのではないか。

だとしたら、それが無くなったということは。

自分は禁忌を犯したのではないか。

へたりこんだコンクリから冷気が伝わってくる。異様な寒さに身を震わせつつ、彼女は呆然とその場に座り続けていた。


そして。

その日を境にドアは鳴らなくなり、深夜に異音で叩き起こされる日は終わりを告げた。

しかし、女性は一年ほどでそこを退去してしまったのだという。

「でも別に、恐ろしい出来事が起こったというわけではないんですよ」と、まるで自分へ言い聞かせるように、彼女は強調した。

「単純に、何度拭いても押し入れがカビまみれになったり、リビングの湿気がひどくて、壁がべたつくようになったりしたもので引っ越そうと思ったんです。それだけなんです。あ、あとは冷蔵庫が妙に冷えにくくて食材がやけに傷んだり、ベランダの桟で頻繁に虫や雛鳥の死骸を見つけるようにもなりました。そういう生活の不便さが理由なんです」

一気にまくし立てる彼女を眺めながら、私は内心でひそかに考える。

それらはみな〈兆し〉だったのではないか。〈知らせ〉だったのではないか。

やはりあなたの部屋には、「あの日」以来、何かが入ってきていたのではないか。自身もそう思ったからこそ、今日こうして語っているのではないのか。だとしたら——。

「新たに引っ越した先でも、何か起こっているんじゃ……」

私の質問は、半ばで「違います」という台詞に遮られてしまった。

「違います。きっと思い過ごしです」

答えになっていない言葉を吐くと彼女は即座に席を立ち、取材場所から去っていった。

それきりである。

直感

　昨年暮れ、私は東京行きの新幹線に乗っていた。複数の演者が手持ちの怖い話を披露するイベント——いわゆる怪談会に出演するためである。

　いつもであれば、その手の舞台は「喋りが不得手なので」と断るのだが、おりあしくイベントは新刊発売直後で、出版社から「販売促進のために出演してほしい」と請われ、やむなく承諾したのであった。

　ゆえに、普段なら仮眠か読書で時間をつぶす車内も呑気に過ごすわけにいかなかった。失敗するのではないか、話の途中で頭が真っ白になるのではないか。そんな不安に耐えきれず、私は「もう一度、練習しておこう」と、プリントアウトした怪談を座席テーブルに広げて、睨めっこをはじめた。

　ところがその矢先、隣席のサラリーマンらしき男性が「怖い話ですか」とおもむろに声をかけてきたのである。

「え……ええ、まあ」

　突然の問いに驚きつつ、私は自身の職業を告げてから、今日のイベントに向けてひとり稽古の最中なのだと言い添えた。「集中しているので雑談には応じかねる」旨を、やんわり伝えたつもりだった。けれども男性はこちらの要望もどこ吹く風で「怪談ねえ。なるほどねえ」と、しきりに頷いている。

「僕ね、そういう話って信じてなかったんです」

発言が、妙に引っかかった。

これが「信じない」であったなら、心霊全般に対して懐疑的な人物なのだろうと素直に受け止められる。しかし彼は「信じてなかった」と口にした。つまり過去に懐疑派だったが、何らかの理由により主張を翻した事になる。

「奇妙な体験……なさったんですか」

好奇心には勝てない。

怪談のプリントをしまいながら訊ねる私を見つめ、男性が「ええ」と、唇だけで笑った。

「実はねえ、〈直感〉する出来事があったんですよ」

声がいちだんと低くなる。示しあわせたように新幹線がトンネルへ入った。

数ヶ月ほど前の話だという。

話者の男性――Kさんはその日、営業まわりを終えて大手のハンバーガーチェーンで遅い昼食にありついていた。路上に面したカウンター席へ座り、コーラでチーズバーガーを流しこむ。と、バンズを口に運ぶ手が止まった。

妙なものを、目に留めたからだ。

ガラス越しに見える歩道で、白杖を手にしたサングラスの男性が何もない空間へ顔を向け、何やら言葉をかけている。一見すると視覚に障害を持つ人物のようだが、身ぶり手ぶりは何者かと談笑しているようにしか見えない。しかし周囲に相手らしき人間は誰もおらず、さりとて電話をかけているようにも思えなかった。

なんだろう、あれ。

首を傾げながら男性を眺めていたKさんは、あることに気づいてコーラの紙カップを取り落としそうになった。

男の足もと――ガードレールに花束が結わえられている。

その傍らには、菓子箱とおぼしき鮮やかな長方形がいくつも置かれていた。

つまり、あそこで誰かが死ん――。

瞬間、サングラスの男性が取った行動の意味を悟り、ぞっとする。結局、Kさんは白杖の男がその場を立ち去るまで、じっと観察し続けていた。

数分後、しばらく放心していた彼はようやっと我にかえる。

途端、すべてが馬鹿馬鹿しく思えてきた。

何か見たわけでも聞いたわけでもないのに、自分は何を畏れているのか。

あの男性ひとりが妙なふるまいをしたからといって、そんなものは何の根拠にもならないではないか。そうだ、あれは単なる偶然だ。こっちが勝手にこじつけ、決めつけ、結びつけているだけだ。

「せめて、もうひとつくらい証拠があれば信じてやっても良いぜ」

誰にともなく慇懃に告げてからトレイを返却し、ゴミ箱へ紙屑を捨てる。と、店外に出た瞬間、けたたましい鳴き声が耳に届いた。

散歩中のプードルが、牙をむきだし吠えている。飼い主の抵抗も虚しく、リードをぴんと張って飛びかからんばかりに唸っている。

威嚇する視線の先には——花束。

そう、あの男が立っていた場所めがけ、プードルは吠え続けていたのである。

「その瞬間にアウト。そういうモノは本当にあるんだ……と直感しました。理屈では何とでも言えますけど、直感はどうにもできないもんですね」

「どちらのハンバーガー屋さんか教えていただけますかッ」

話を聞き終えるなり、私は彼に詰め寄った。もしも都内であればイベント終了後に立ち寄ってみようと考えたのである。予想以上の反応にたじろぎつつ、男性がポケットからスマートフォンを取りだし、地図アプリを開く。

「ちょ、ちょっと待ってください。たしかあそこは文化村通り近くの……」

そう言いながら男性は指先で器用に画面をいじくっていたが、まもなく「ああ、ここですここです」と、液晶をこちらに突きだした。

「え」

表示されていたのはS区の某所である。都内有数の繁華街に面した一角、そして今日イベントがおこなわれる会場から目と鼻の先にある場所。

つまり、これから向かう先のすぐそばで、いま聞いた出来事が——。

あるのか、そんな偶然が。

本当に、偶然なのか。

呆然とする私を残し、サラリーマンは大宮で降りていった。

この話を会場で披露すべきか否か——東京に到着するまで私は悩んだ。

けれども、熟慮のすえに私は披露を止めた。〈現場〉近くで話せば、きっと望まない〈なにか〉が起こる。我々には見えない〈それ〉がやって来る。

そのように、直感したのである。

判断が合っていたかどうか、いまとなっては確認のしようがない。

しかし、この原稿を執筆中にパソコンが四回もシャットダウンした事実を思えば正解だったように思う。これもまた、偶然であってほしいのだが。

祈願

Nさんの父親は、彼女が小学生のときに出奔している。

「ある朝起きたら突然消えていたんです。もちろん母に訊ねましたよ。でも〝お父さんは長旅に出たんよ、そのうち帰ってくるけえ〟とだけ言われて。いまなら疑うんでしょうけど、子供ですから鵜呑みにしましたね」

旅中の父を案じたNさんは、その日から祈るようになった。

祈るといっても、お百度参りや水垢離をおこなうわけではない。家の柱に貼られている〈交通安全〉のお札に向かい、手を合わせ続けたのである。

「初詣で買ったそのお札が、子供のアタマで考えつく〈神様っぽいもの〉の限界だったんでしょうね。笑っちゃいますけど、当時は真剣でした」

Nさんは〈交通安全〉への祈願を一日も欠かさなかった。経も祝詞も知らない彼女は「お父さん、お父さん」と口のなかで唱えながら合掌した。

娘の姿を見ても母親は何も言わなかった。行動が理解できなかったのか、それとも解ったうえでそうしていたのかは、いまでも解らない。

父が居なくなってから半年ほどが過ぎた、ある日のこと。

日課の祈りを捧げるため〈交通安全〉の前に立ったNさんは、異変に気がついて首を傾げた。

〈交通安全〉の四文字が、濡れた指でこすったように滲んでいる。

かろうじて〈交〉と〈安〉の一部だけが何とか判別できるが、他の部分はまるで読めなくなっていた。

お札に触れた憶えなどない。そもそもお札は母ですら背伸びをしなければ届かぬ位置に貼られているから、字の滲みが人為的なものとは考えにくい。

これは、父に何か起こった知らせではないのか。

ひとまず母に申告しなければ——慌てて振りかえった背後に、当の母親が立っていた。目をかっと見ひらき、お札を凝視していた。

「やっぱりねえ、やあっぱり、やあっぱりねえ」

やけに弾んだ声で母は同じ言葉を三度繰りかえすと、物置から引っぱりだした脚立にのぼって〈交通安全〉を剥がし、その場で破り捨てた。

はたしてその日の夕方、Nさん宅に父親の訃報が届いたという。

「……よく、解らないんですが」

ひといきに話し終えて脱力するNさんへ、私は間髪入れずに質問した。

この話は、いったいどういうことなのか。文字が擦れた交通安全の札と、父親の死にどんな関係があるのか。問いかける私をじっと見てからNさんは鞄からペンを取りだし、喫茶店の紙ナプキンにさらさらと何事かを書きはじめた。

その様子を眺めつつ、私は——後悔していた。

「奇妙な体験をした同僚がいる」と知人に紹介されて取材に訪れたのだが、今回は失敗だったかもしれない。彼女は幼少期のやや複雑な思い出を誰かに語りたかっただけではないのか。怪談など、はなから持ちあわせていないのではないか。そのように感じていたのである。

と、落胆の色を隠そうともしない私へ、彼女が紙ナプキンを差しだした。見れば〈交通安全〉の四文字を上からぐりぐりと塗り潰している。

〈交〉の上部、なべぶたと呼ばれる部首はすっかり隠れており、〈安〉もウかんむりが塞がれている。〈通〉と〈全〉に至ってはまったく読めない。

「……これが、何だと言うんでしょう」

訝しむこちらを一瞥してから、彼女が細い指を紙ナプキンに置く。

「もう一度見てください。ここと、ここが辛うじて読めた箇所なんです」

言いながら、なべぶたのない〈交〉とウかんむりの消えた〈安〉を示す。

「あ」

〈父〉と〈女〉だった。

ぽかんと口を開ける私をちらりと見て、Nさんは静かに頷いた。

「父……無理心中だったんです。隣県にある景勝地で、愛人の女性と滝壺に飛びこんだんですよ。だから、この文字なんです」

祈りは、届いていたんですよ。

今度は、こちらが黙って頷く番だった。

あとがき　～器が壊れるその日まで～

こんばんは、黒木あるじです。

本書は『怪談実話傑作選　弔』に続く、ベスト版の第二弾になります。二〇一一年刊行の『怪談実話　痕』から二〇一七年刊行『怪談実話　終』までに収録された怪談実話から「これは」と思う話を選りすぐってみました。書き下ろしも含まれていますので、既刊をお持ちの方でも楽しんでいただけるのではないでしょうか。

とはいえ、改めて読んでみると文章の拙さや構成の未熟さなどあちこちが気になったのも事実です。そのため全体の雰囲気を損なわない程度に細かな加筆修正を施しました。それが功を奏しているかどうかは、読者の判断に委ねたいと思います。

今回、自作を再読し「私は〈場〉を描きたいのだな」と思い至りました。話者の様子や取材場所の雰囲気、遣り取りの経緯などを書いた話が想像していたよりもはるかに多いのです。どうやら当時の自分は体験談のみならず〈怪談実話が生まれるまでのすべて〉をパッケージしたがっていたようです。随所に小賢しい持論や説教じみた講釈がはさまるのも、そのとき自分が体験談を聞きながら何を思い何を畏れ、何に惹かれていたのか、すべてを詰めこもうとした結果なのでしょう。ときに迷走しつつ、ときに失敗しつつも、恐怖とは何か、怪談とは何かを模索していたのかしら——と、他人事のように感じた次第です。

けれども——無理やり押しこめたものは、いつの日か必ず溢れます。木箱の蓋が内側からはずれるように、または炭酸ガスが瓶を砕くように、中身は漏れて周囲に飛び散り、あたりを汚染します。それはたぶん怪談とて同様なのです。強引に封じたものは、ちょっとした加減で容易く壊れるのです。

すべてを閉じこめている〈怪談の器〉が割れたとき、そこからはいったい何が飛びだしてくるのか——まだ見ぬその瞬間を畏れつつも、心のどこかで期待している自分が居ます。

一日でも長く怪談を書き記し、一日でも早く怪談に殺されたい。相反する願いを抱え、私はこれからも深い闇の奥へ奥へと進んでいくつもりです。

初出

爪先　書き下ろし
空巣　書き下ろし
残像　怪談実話　痕
干支　ふたり怪談　弐（「十二支の家」改題）
占師　ふたり怪談
霿霿　ふたり怪談
軍手　ふたり怪談　弐
草鞋　怪談実話　痕
母子　FKB　饗宴2
旧家　FKB　饗宴2
親指　ふたり怪談　伍
一連　FKB　怪談幽戯（連作に新タイトル）
軋怪　怪談実話　屍
屍臭　怪談実話　屍
仮名　FKB　饗宴7
確率　FKB　饗宴7
忠告　怪・百物語
申告　怪・百物語
訃告　怪・百物語
警告　怪・百物語
予告　怪・百物語
鬼祭　怪談実話　屍
黒い　怪談実話　終
腹痛　怪談実話　屍
暴霊　怪談実話　終
謝罪　怪談実話　終
母電　怪談実話　終
同名　怪談実話　終
誤認　怪談実話　終
囮墓　怪談実話　終
写霊　怪談実話　屍
侵入　怪談実話　終
直感　書き下ろし
祈願　書き下ろし

怪談実話傑作選 礫

2020年2月5日　初版第1刷発行

著者　黒木あるじ
企画・編集　中西如（Studio DARA）
発行人　後藤明信
発行所　株式会社 竹書房
〒102-0072 東京都千代田区飯田橋2-7-3
電話03（3264）1576（代表）
電話03（3234）6208（編集）
http://www.takeshobo.co.jp
印刷所　中央精版印刷株式会社

定価はカバーに表示しています。
落丁・乱丁本の場合は竹書房までお問い合わせください。

ISBN978-4-8019-2149-8 C0193

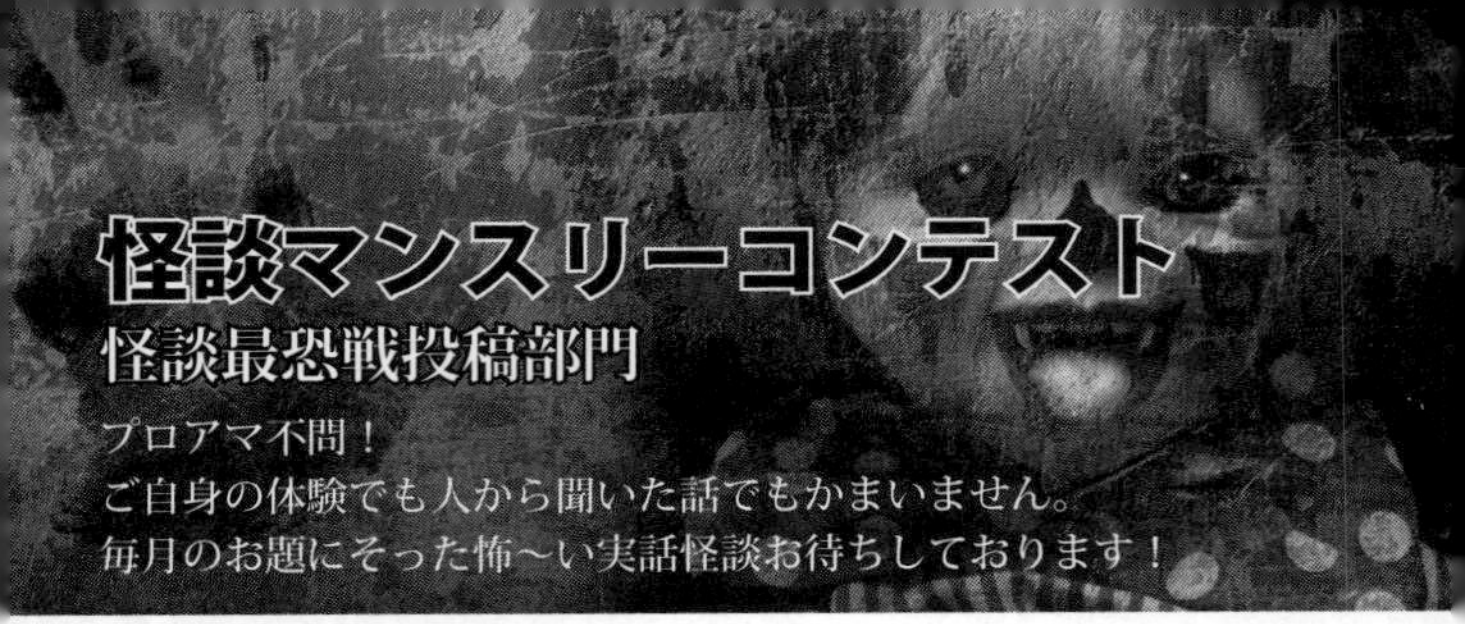

【2月期募集概要】
お題：　食べ物に纏わる怖い話

原稿：　1,000 字以内の、未発表の実話怪談。
締切：　2020 年 2 月 20 日 24 時
結果発表：　2020 年 2 月 29 日
☆最恐賞 1 名：Amazon ギフト 3000 円を贈呈。
※後日、文庫化のチャンスあり！
佳作 3 名：ご希望の弊社恐怖文庫 1 冊、贈呈。
応募方法：　①または②にて受け付けます。
①応募フォーム
フォーム内の項目「メールアドレス」「ペンネーム」「本名」「作品タイトル」を記入の上、「作品本文（1,000 字以内）」にて原稿ご応募ください。
応募フォーム→ http://www.takeshobo.co.jp/sp/kyofu_month/
②メール
件名に【怪談最恐戦マンスリーコンテスト 1月応募作品】と入力。
本文に、「タイトル」「ペンネーム」「本名」「メールアドレス」を記入の上、原稿を直接貼り付けてご応募ください。
宛先：　kowabana@takeshobo.co.jp
たくさんのご応募お待ちしております！

★竹書房怪談文庫〈怖い話にありがとう〉キャンペーン第 1 弾！
【期間限定】人気作家が選ぶ最恐怪談 99 話、無料配信！

竹書房怪談文庫の公式 twitter にて、期間中毎日、人気作家自薦の 1 話をお届けします！
また、気に入った作品をリツイートしてくれたユーザーから抽選で 100 名様にお好きな怪談文庫をプレゼント。詳しい情報は随時つぶやいてまいりますので、ぜひフォローください！
●キャンペーン期間：2019 年 10 月 28 日〜 2020 年 2 月 3 日（全 99 日間）
●竹書房怪談文庫公式 twitter：@takeshobokaidan